中国毽球竞赛规则

2025

中国毽球协会 ◎ 审定

人民体育出版社

图书在版编目（CIP）数据

中国毽球竞赛规则. 2025 / 中国毽球协会审定. 北京：人民体育出版社，2025. -- ISBN 978-7-5009-6598-5

Ⅰ. G849.94

中国国家版本馆CIP数据核字第2025VQ7429号

中国毽球竞赛规则 2025　ZHONGGUO JIANQIU JINGSAI GUIZE

中国毽球协会　审定

出版发行：人民体育出版社
印　　装：天津中印联印务有限公司

开　本：880×1230　32开本　　印　张：4.125　　字　数：130千字
版　次：2025年5月第1版　　　印　次：2025年5月第1次印刷
书　号：ISBN 978-7-5009-6598-5
印　数：1—8,000册
定　价：46.00元

版权所有·侵权必究
购买本社图书，如遇有缺损页可与发行与市场营销部联系
联系电话：（010）67151482
社　　址：北京市东城区体育馆路8号（100061）
网　　址：www.psphpress.com

序 言

在历史的长河中，毽球以其独特的魅力和深厚的文化底蕴，成为中华民族传统体育项目中的一颗璀璨明珠。历经千年的传承与发展，如今已在全球范围内焕发出新的活力。它不仅是一项集技巧、速度、耐力与智慧于一体的竞技运动，更是承载着深厚文化底蕴和民族情感的体育瑰宝。为了进一步推动毽球运动的规范化、专业化发展，确保比赛的公平、公正与观赏性，我们特此制定并发布《中国毽球竞赛规则 2025》。

本规则是中国毽球协会基于对毽球运动传统精髓的深刻理解和现代竞技需求的准确把握，在上一版基础上进行的全面修订。本规则规范了参赛者的行为，赋予了毽球运动独特的竞技魅力和文化内涵。本规则的修订广泛征求了国内外毽球专家、教练员、运动员以及爱好者的意见和建议，力求使规则更加科学、合理、全面、易于操作。本规则涵盖了比赛的各个方面，注重规则的实用性和灵活性，既保留了毽球运动的传统特色，又适应了现代竞技比赛的需求。同时，我们也充分考虑了不同水平、不同年龄与不同区域参赛者的实际情况，力求使规则更加人性化、普及化。

我们相信，通过本规则的引导，毽球运动将更加规范化、专业化，吸引更多人的关注和参与。在未来的毽球赛场上，每一位参赛者都能展现出自己的风采，用精湛的技艺和顽强的拼搏精神，共同书写毽球运动的新篇章。

最后，我们要感谢所有为毽球运动发展做出贡献的人们，是你们的努力和坚持，让这项古老而又充满活力的运动得以传承和发展。我们诚挚地邀请每一位热爱毽球的朋友，加入我们的行列，共同推动毽球运动迈向更加辉煌的未来。让毽球这束民族之光，照亮全民健康、全民健身之路！

中国毽球协会主席

中国毽球协会关于修订毽球竞赛规则说明

毽球运动是在踢毽子的基础上发展而来的一项体育运动，分为网式毽球和花式毽球。网式毽球按项目可以分为竞技毽球（传统也称毽球）和平踢毽球，是两支球队在球网分开的场地上进行踢毽子比赛的一项体育运动，目的是把毽球击过球网使其落在对方场区内，并通过防守阻止对手将球击落在本方场区内，按参赛人数可以分为三人赛、双人赛和单人赛；花式毽球包括套路类毽球、计数类毽球和围踢类毽球，主要以踢毽动作的次数、难度、身体姿态、动作的美感、动作之间的衔接、创新能力、完成动作的质量为依据进行打分评判，排列名次。

现行的《毽球竞赛规则》《花式毽竞赛规则》于 2011 年出版，试行的《平踢毽球竞赛规则》于 2018 年发布，由于开始施行的时间比较久远，均不能满足毽球项目发展现状。为更好地指导国内各级、各类毽球赛事，结合我国毽球发展现状，进一步推动毽球运动的发展，中国毽球协会决定对中国毽球现有竞赛规则进行修订。

经中国毽球协会研究，成立了规则编写小组，专家成员有：武汉体育学院邱汉祥，吉林大学于泗汰，重庆市社会体育指导中心邓丹，晋中学院郑治伟、张强，重庆医药高等专科学校易强，广州市东风西路小学麦先发，深圳信息职业技术学院石大玲，华中科技大学常亮。新规则由以上九位专家成员进行详细修订，并报国家体育总局社会体育指导中心审核。

新修订的《中国毽球竞赛规则 2025》在分类上进行了整合：第一部分为网式毽球竞赛规则，第二部分为花式毽球竞赛规则。将原《毽球竞赛规则》与《平踢毽球竞赛规则》的内容合为第一部分内容；将新增加的围踢毽球规则内容与原《花式毽竞赛规则》合并为第二部分内容。网式毽球部分在结构上有较大的修改，删除部分章节并增补了新的内容，对原规则未涉及的规则条款进行补充，完善了比赛中必须的规则要素，使裁判员临场判罚有了充分依据，明确了原规则未阐述和表述不全的概念与名称，细化了比赛中的犯规和违例现象，建立并规范了裁判员的权力与职责以及工作程序，改进及新增了少量裁判员的手势，全部手势以电子绘图的方式呈现；花式毽球部分则调整了动作难度分级与分值等主要内容。

总目录

01
第一部分

网式毽球竞赛规则 // 001

02
第二部分

花式毽球竞赛规则 // 069

第一部分
PART 01
网式毽球竞赛规则

第一部分　网式毽球竞赛规则

目　录

| 第一章 | 场地与器材 | 007 |

  1　场地 ·· 007

    1.1　面积 ··· 007

    1.2　地面 ··· 007

    1.3　照明 ··· 007

  2　界线 ·· 008

    2.1　界线的宽度与颜色 ·· 008

    2.2　边线与端线 ··· 008

    2.3　中线 ··· 008

    2.4　限制线 ·· 008

    2.5　发球区线 ··· 009

  3　区和区域 ·· 009

    3.1　限制区 ·· 009

    3.2　发球区 ·· 009

    3.3　单人赛发球有效区 ·· 009

    3.4　换人区 ·· 011

    3.5　球队席区 ··· 011

目 录

4 器材 ··· 011
  4.1 球网 ··· 011
  4.2 标志带 ··· 013
  4.3 标志杆 ··· 013
  4.4 网柱 ··· 014
  4.5 毽球 ··· 014

第二章　比赛参加者的组成 ························ 017

5 参赛队 ··· 017
  5.1 参赛队的组成 ····································· 017
  5.2 参赛队员装备 ····································· 018
  5.3 球队席人员规定 ··································· 019
  5.4 教练员的职责和权利 ······························· 019
  5.5 队长的职责和权利 ································· 020

第三章　比赛参加者的行为及处罚 ················ 022

6 比赛参加者的行为 ··································· 022
  6.1 行为要求 ··· 022
  6.2 警告与处罚 ······································· 022
  6.3 取消比赛资格 ····································· 023
  6.4 判罚与申诉 ······································· 024

第四章　比赛通则 ································· 025

7 比赛项目 ··· 025
  7.1 竞技毽球设三人赛、双人赛和单人赛 ················ 025
  7.2 平踢毽球设三人赛和双人赛 ························ 025

第一部分　网式毽球竞赛规则

- 8 比赛方法 ·· 026
  - 8.1 赛前抽签 ·· 026
  - 8.2 得 1 分 ·· 026
  - 8.3 胜 1 局 ·· 027
  - 8.4 胜 1 场 ·· 028
  - 8.5 弃权和阵容不完整 ·· 028
- 9 准备活动 ·· 028
- 10 位置 ··· 029
  - 10.1 单人比赛 ·· 029
  - 10.2 双人比赛 ·· 029
  - 10.3 三人赛的位置 ·· 029
- 11 发球 ··· 034
  - 11.1 发球进入比赛 ·· 034
  - 11.2 第 2 局首先发球权 ·· 034
  - 11.3 发球的规定 ··· 034
  - 11.4 发球掩护 ·· 035
  - 11.5 发球犯规 ·· 036
  - 11.6 重新发球 ·· 036
- 12 击球 ··· 037
  - 12.1 合法的击球部位 ··· 037
  - 12.2 进攻性击球 ··· 037
  - 12.3 击球的次数 ··· 038
  - 12.4 击球犯规 ·· 039
- 13 界内球 ·· 040
- 14 界外球 ·· 040
- 15 球网附近的球 ··· 041

目录

16 球网附近的队员 ·································· 041
  16.1 队员的身体从球网上沿越过球网 ·············· 041
  16.2 队员的身体从球网下进入对方地面或空中场区 ···· 042
17 触网 ·· 042
18 拦击发球犯规 ···································· 042

第五章 比赛间断与延误比赛 ······················ 043

19 比赛间断 ·· 043
  19.1 请求正常比赛间断 ···························· 043
  19.2 比赛间断的连续 ······························ 043
  19.3 暂停 ·· 044
  19.4 三人赛换人 ·································· 044
  19.5 三人赛换人的限制 ···························· 044
  19.6 三人赛的特殊换人 ···························· 045
  19.7 被判罚取消比赛资格的换人 ···················· 045
  19.8 三人赛不合法的换人 ·························· 045
  19.9 三人赛换人的程序 ···························· 046
20 延误比赛 ·· 046
  20.1 延误比赛的行为 ······························ 046
  20.2 延误比赛的处罚 ······························ 047
21 例外的比赛间断 ·································· 048
  21.1 受伤 ·· 048
  21.2 外因造成的比赛中断 ·························· 048
  21.3 被拖延的间断 ································ 048
22 局间休息与交换场区 ······························ 049
  22.1 局间休息 ···································· 049

005

第一部分 网式毽球竞赛规则

22.2 交换场区 ··· 049

第六章 裁判员及其职责与法定手势和旗示 ·········· 051

23 裁判员的组成 ··· 051
24 工作程序 ··· 051
25 正裁判员 ··· 052
  25.1 位置 ··· 052
  25.2 权力 ··· 052
  25.3 职责 ··· 053
26 副裁判员 ··· 054
  26.1 位置 ··· 054
  26.2 权力 ··· 055
  26.3 职责 ··· 056
27 记录员 ··· 057
  27.1 位置 ··· 057
  27.2 职责 ··· 057
28 司线员 ··· 059
  28.1 位置 ··· 059
  28.2 职责 ··· 059
29 替补裁判员 ··· 060
  29.1 位置 ··· 060
  29.2 职责 ··· 060
30 裁判员的手势 ··· 060
  30.1 司线的旗示 ······································· 067

第一章　场地与器材

1　场地

比赛场地为对称的长方形,包括比赛场区和无障碍区。

1.1　面积

比赛场区长 11.88 米,宽 6.1 米。比赛场区四周应有不小于 2 米宽的无障碍区。比赛场地上空的无障碍空间,从地面量起至少高 6 米,其间不得有任何障碍物。

1.2　地面

比赛场地的地面必须平整,材质应是木制或合成物质;场地的地面不能有任何可能伤害运动员的隐患。

1.3　照明

比赛场地的灯光照明,在距比赛场地地面 1 米高处测量，照度应为 1000～1500 勒克斯。

2　界线

2.1　界线的宽度与颜色

所有的界线宽 4 厘米，界线的颜色应与比赛场地地面颜色明显不同，且为容易辨别的浅色。

2.2　边线与端线

两条边线和两条端线划定了比赛场区，边线和端线包括在比赛场区内。

2.3　中线

中线在网下，连接两条边线中点，中线的中心线将比赛场区分为两个宽 5.94 米，长 6.1 米的相同场区。

2.4　限制线

每个场区各画一条距离中线的中心线 1.98 米的限制线，限制线包括在限制区内。

第一章 场地与器材

2.5 发球区线

在两条端线中点两侧各 1 米处，向场区外画一条长 20 厘米的短线，垂直并距离端线 4 厘米。

网式毽球比赛场地如图 1 所示。

3 区和区域

3.1 限制区

限制区由中线的中心线、限制线和两条限制线间的边线组成，这四条线包括在限制区内。限制区向两条边线外延长至无障碍区的终端。

3.2 发球区

两条发球区短线之间从端线外延长至无障碍区终端的区域为发球区。发球区线和发球区线之间的端线不包括在发球区内。

3.3 单人赛发球有效区

由限制线、端线及限制线与端线之间的两条边线组成，单人赛的发球须落在发球有效区内（限制线包括

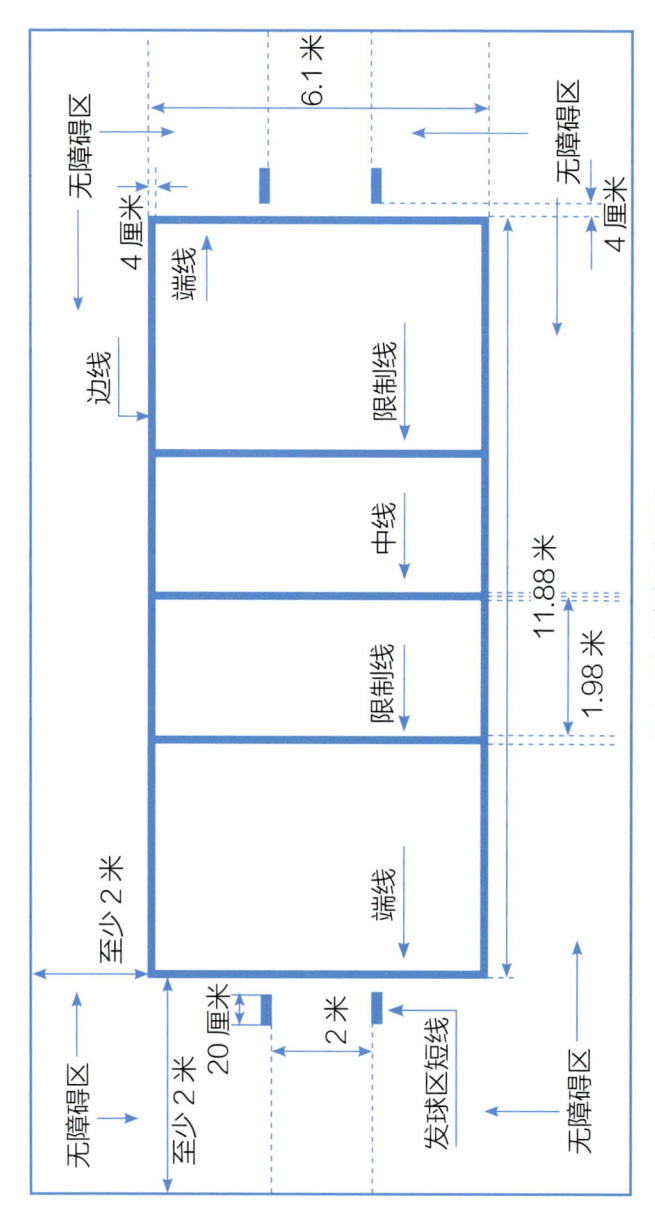

第一部分 网式毽球竞赛规则

图 1 网式毽球比赛场地

第一章 场地与器材

在单人赛发球有效区内）。

3.4 换人区

两条限制线的延长线之间，记录台一侧边线外的区域为换人区。

3.5 球队席区

在记录台同侧边线的无障碍区外设球队席，教练员、替补运动员和队医在此席就位。在球队席至边线外的区域内，教练员可以在不影响比赛正常秩序的情况下进行指导，其他人员在比赛中必须在球队席就座。

网式毽球比赛中的各种区和区域如图 2 所示。

4 器材

4.1 球网

4.1.1 球网的高度及丈量

竞技毽球：男子及男女混合项目高度为 1.6 米，女子项目高度为 1.5 米。

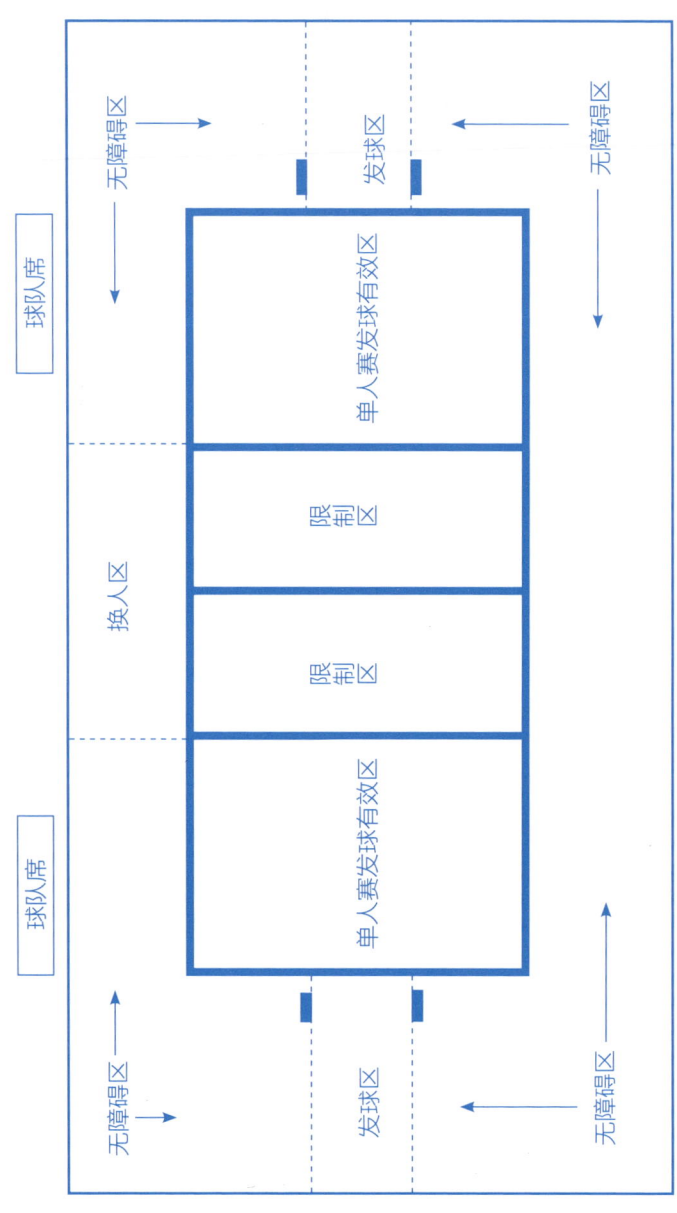

第一部分　网式毽球竞赛规则

图 2　网式毽球比赛中的各种区和区域

平踢毽球：高度为 1.5 米。

球网应在中线上空，垂直于地面；球网的高度应该在球网中间丈量，球网两端（边线上空）的高度必须相等，并不得超过规定网高 2 厘米。

4.1.2　球网的构造

球网为深色，长 7.0～7.5 米（每边标志带外不少于 0.45 米），宽 0.76 米，网孔为正方形，面积不超过 4 平方厘米。球网的上沿和下沿全长缝有 4 厘米宽的双层白帆布带，帆布带两边留有孔，上下各用一根有韧性的绳索穿过帆布带，并系在网柱上，使球网上、下沿拉紧。

4.2　标志带

标志带为两条长 76 厘米，宽 4 厘米的白色带子，分别系在球网的两侧，垂直于边线，标志带是球网的一部分。

4.3　标志杆

标志杆是两根有韧性杆子，由玻璃纤维或类似的材料制成，长 1.2 米，直径为 1 厘米。两根标志杆分别设

第一部分　网式毽球竞赛规则

置在两侧标志带外沿。

标志杆应高出球网上沿 44 厘米，每 10 厘米一色，红白相间。

4.4　网柱

两根网柱安装在中线两端延长线上，距边线至少 45 厘米处，应可以调整高度，网柱的高度应不低于 1.6 米。网柱的外部及配重必须进行柔软包裹，不得存在安全隐患。

网式毽球的球网、标志带、标志杆和网柱如图 3 所示。

4.5　毽球

4.5.1　毽球由毽毛（通常为鹅翎）、球托、毛管和垫片等构成，为 4 支桃红色毽毛成十字形插在毛管内。

4.5.2　毽球的高度为 13～15 厘米，重量为 13～15 克。

4.5.3　每支毽毛宽 3.2～3.5 厘米。

4.5.4　毽球球托底部为圆形，直径为 3.8～4.0 厘米，毛管高 2.5 厘米。

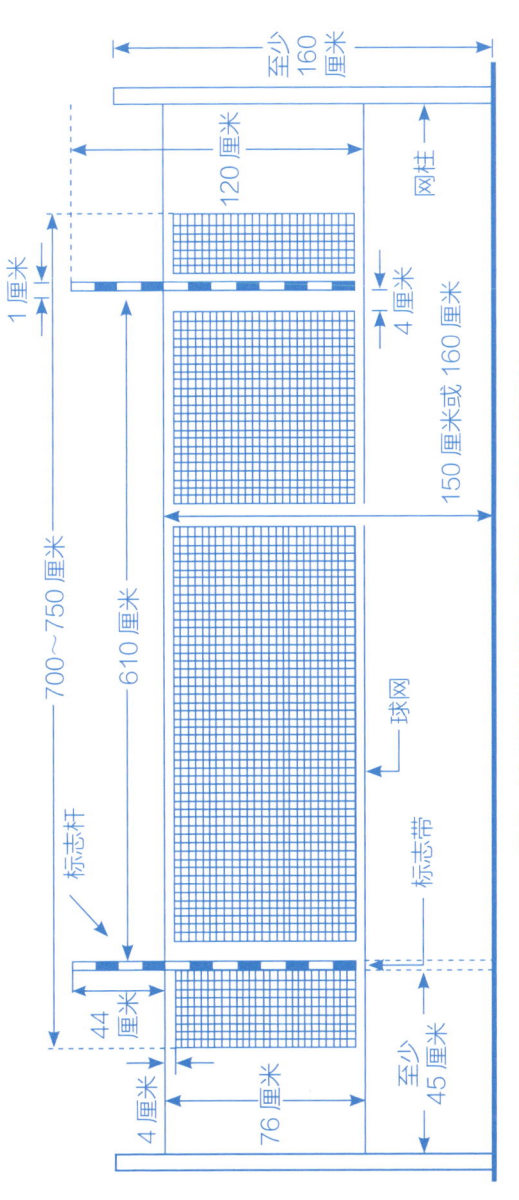

图3 网式毽球的球网、标志带、标志杆和网柱

第一部分　网式毽球竞赛规则

4.5.5　　　垫片由数层硬质薄形皮革或纸质材料制成。

4.5.6　　　在一次比赛中所用的毽球，必须是同一品牌与型号。

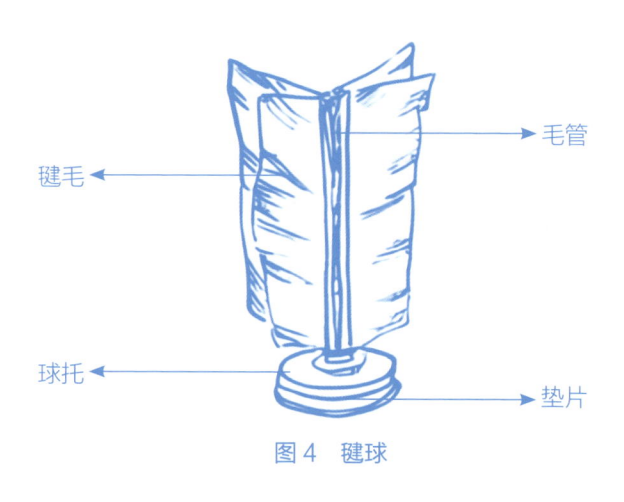

4.5.7　　　一场比赛应至少挑选 6 支毽球，以备比赛时使用和更换。

毽球如图 4 所示。

图 4　毽球

第二章　比赛参加者的组成

5　参赛队

5.1　参赛队的组成

每个参赛单位可报领队 1 人和队医 1 人；每个比赛项目可报教练员 1 人。

三人赛报名参赛队员为 6 人，场上队员为 3 人，其中 1 人为队长，左臂应佩戴明显标志；

双人赛报名参赛队员为 2 人，其中 1 人为队长，左臂应佩戴明显标志；

单人赛报名参赛队员为 1 人。

参赛队员名单经确认后不得更换。

5.2 参赛队员装备

5.2.1　参赛队所有队员的上衣和短裤，款式和颜色需相同。

5.2.2　每位队员的运动鞋应为没有跟的平底鞋，鞋底由胶或合成材料构成；左、右脚的款式和鞋码需相同。

5.2.3　队员上衣的胸前和背后的中间位置必须有明显的号码，号码颜色必须一致，且与服装颜色有明显的区别。号码应清晰可见，胸前的号码至少高 10 厘米，上衣背后号码至少高 20 厘米，号码的笔画宽至少 2 厘米。一次赛会每名队员只能有 1 个号码，同队队员号码（包括男、女混合双人赛）不得重复。

5.2.4　比赛服上可标有队名、队员的姓名和商业标识，所有标志不得遮盖号码。

5.2.5　队员不得穿戴可能对本人或他人造成伤害或影响裁判员判断的服饰。

5.2.6　队员可以佩戴眼镜或隐形眼镜上场参加比赛，风险由本人承担。

5.3 球队席人员规定

比赛期间,教练员、队医和替补队员应坐在指定的球队席。

5.3.1 三人赛比赛中,只允许替补队员、教练员和队医坐在球队席。

5.3.2 双人赛和单人赛比赛中,只允许教练员、队医坐在球队席。

5.3.3 比赛中,允许教练员在本方限制线至端线的无障碍区内站立或走动,在比赛间断时进行指导。

5.3.4 比赛中,队医和替补队员须在球队席就座,队医经正裁判员允许方可入场进行救护。

5.3.5 在局间间隙时,运动员可以在本方场地内进行有球练习。

5.4 教练员的职责和权利

5.4.1 比赛前,核对本队参赛队员(包括替补队员)的姓名、号码,在记录表上确认并签字。每局比赛前填写队员位置表，签字后交给副裁判员。

5.4.2　比赛中，教练员有权根据规则请求暂停或换人。

5.4.3　比赛中请求换人时，教练员应向裁判员报告下场队员和上场队员号码。

5.4.4　比赛中，教练员如对裁判员的判罚有异议，必须通过场上队长向正裁判员提出请求，请其根据规则对此判罚作出解释。

5.5　队长的职责和权利

5.5.1　队长赛前代表本队选择球权或场区。

场上队长被替换下场时，教练员应指定一名场上队员为场上队长，并将该情况报告裁判员。当队长再次上场时，继续担任场上队长。场上队长被替换下场后，不再享有场上队长的权利。

5.5.2　队长在场上时为场上队长。

5.5.3　某队若对裁判员的判罚有异议，场上队长可以在判罚后及时向正裁判员提出请求，请其根据规则对此判罚作出解释，但不得干扰和延误比赛。

5.5.4　如正裁判员作出解释后某队还有异议，场上队长可以申请在比赛结束后，将本队意见记录在记录表上。

5.5.5　场上队长可以向正裁判员请求检查球网、地面和球。场上队长可以向正裁判员请求更换服装和毽球。

5.5.6　当教练员缺席时，场上队长有权请求暂停和换人。

5.5.7　比赛结束时，队长需在记录表上签字，承认比赛结果。

第三章　比赛参加者的行为及处罚

6　比赛参加者的行为

6.1　行为要求

遵守竞赛规则，服从裁判员的判罚，不允许进行争辩。如果有异议，只能通过场上队长向正裁判员提出解释判罚的请求。

6.2　警告与处罚

6.2.1　警告行为

6.2.1.1　不符合规则规定的行为。

6.2.1.2　干扰、影响裁判员判断的行为。

6.2.1.3　对裁判员判罚进行争辩的行为。

第三章 比赛参加者的行为及处罚

6.2.1.4　　不文明举动，或对裁判员、工作人员、观众或同场队员不礼貌的行为，如摔球、怒视或手指对方队员等。

6.2.2　　处罚

6.2.2.1　　凡出现上述行为，第 1 次给予警告。

6.2.2.2　　重犯上述行为之一，出示黄牌，判对方得 1 分，犯规队失去发球权。

6.3　　取消比赛资格

6.3.1　　取消比赛资格的行为

6.3.1.1　　诽谤、侮辱性的行为。

6.3.1.2　　侵犯他人或企图侵犯他人的行为。

6.3.1.3　　同一成员重犯黄牌的行为。

6.3.1.4　　严重干扰比赛秩序的行为，如不服从裁判判罚，故意延误比赛。

6.3.1.5　　罢赛。

6.3.2　　处罚

第一部分　网式毽球竞赛规则

6.3.2.1　凡出现取消比赛资格的行为，裁判员出示红牌取消该队犯规成员本场比赛资格，判对方得 1 分，该队失去发球权。

6.3.2.2　被取消比赛资格的场上人员应立即离开比赛场地，可以在观众席继续观看比赛。

6.3.2.3　情节较严重的，正裁判员可以向组委会、纪律委员会或仲裁委员会等递交书面材料进行追加处罚。

6.4　判罚与申诉

6.4.1　比赛参加者必须服从裁判员的判罚。

6.4.2　只有场上队长可对裁判员的判罚当场提出询问或要求解释，正裁判员应及时予以解释。如仍有异议，须服从裁判判罚，并迅速恢复比赛。若提出申请，并经正裁判员同意，比赛后可将异议简写在记录表备注栏。

6.4.3　申诉

若比赛参加者对裁判员的判罚有异议，可在该场比赛结束后 30 分钟内向仲裁委员会提交有领队签字的书面申诉材料，同时缴纳 2000 元申诉费。若胜诉，退还申诉费；若败诉，则不退还申诉费。

第四章　比赛通则

7　　比赛项目

7.1　　竞技毽球设三人赛、双人赛和单人赛

三人赛：男子三人赛、女子三人赛。

双人赛：男子双人赛、女子双人赛、男女混合双人赛。

单人赛：男子单人赛、女子单人赛。

7.2　　平踢毽球设三人赛和双人赛

三人赛：男子三人赛、女子三人赛、男女混合三人赛。

双人赛：男子双人赛、女子双人赛、男女混合双人赛。

8 比赛方法

8.1 赛前抽签

每场比赛开始前和第 3 局比赛开始前，由正裁判员组织双方队长进行抽签，中签方可以优先选择发球或接发球，或选择场区。若中签方选择发球或接发球，对方就选择场区，反之亦然。

8.2 得 1 分

8.2.1　比赛中，某队胜 1 球，即得 1 分（采取每球得分制）

8.2.1.1　球落在对方场区。

8.2.1.2　对方犯规，对方违反规则规定。

8.2.1.3　对方被判罚。

8.2.2　获胜方

8.2.2.1　发球方获胜，得 1 分并继续发球。

8.2.2.2　接发球方获胜，得 1 分并获得发球权。

8.3　胜 1 局

8.3.1　竞技毽球

8.3.1.1　三人赛

每局先得 21 分并超过对方 2 分的队胜 1 局。第 1 局和第 2 局最高的比分为 29 分，当 28∶28 时先得到 29 分的队胜 1 局；第 3 局最高的比分为 21 分，当 20∶20 时先得到 21 分的队胜第 3 局。

8.3.1.2　双人赛和单人赛

每局先得 15 分并超过对方 2 分的队胜 1 局。第 1 局和第 2 局最高的比分为 21 分，当 20∶20 时先得到 21 分的队胜 1 局；第 3 局最高的比分为 15 分，当 14∶14 时先得到 15 分的队胜第 3 局。

8.3.2　平踢毽球

每局比赛先得到 11 分的队为胜，当 10∶10 时先得到 11 分的队胜 1 局。

8.4 胜1场

每场比赛先胜 2 局的队胜 1 场。

8.5 弃权和阵容不完整

8.5.1　某队无正当理由未到达比赛场地超过 15 分钟，则判该队弃权。对方每局比分记为 21∶0（15∶0 或 11∶0），总比分为 2∶0 获胜。

8.5.2　某队拒绝比赛并超过 5 分钟，则判该队弃权，该队之前所得的比分全部归"0"，对方每局比分记为 21∶0（15∶0 或 11∶0），总比分为 2∶0 获胜。

8.5.3　某队 1 局或 1 场比赛阵容不完整（即在比赛中未能保证合法、足额的上场队员），则判对方 1 局或 1 场比赛获胜，保留阵容完整时该队所得的比分或局数。

9 准备活动

比赛开始前，双方队员在本方比赛场地有 6 分钟准备活动时间。

10 位置

10.1 单人比赛

接发球队员必须在本方比赛场区内站位。

10.2 双人比赛

当发球队员击球时,双方队员(发球队员除外)必须在本方比赛场区内站位。

10.3 三人赛的位置

10.3.1 每队必须保持 3 名队员进行比赛,队员的轮转次序应按每局位置表登记的位置进行,直至 1 局比赛结束。

10.3.2 每局比赛开始前教练员或队长应将起始位置登记在位置表上,并签字交给副裁判员,位置表上交后不得更改。

10.3.3 每局比赛开始前,场上队员与位置表不符时,必须按位置表进行纠正。

10.3.4 如果要保持未登记在位置表上的队员在场上,教练员应出示手势进行正常换人,并登记在记录表上。

10.3.5 当发球队员击球时,双方队员(发球队员除外)必须在本方比赛场区内按轮转次序站位。

10.3.6 三名队员之间的位置关系

10.3.6.1 靠近端线为 1 号位,靠近球网的位置分别为 2 号位(右侧)和 3 号位(左侧),如图 5 所示。

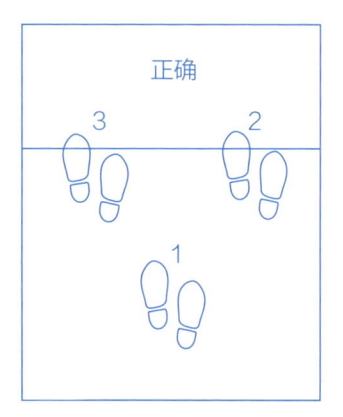

图 5　三人赛队员位置关系

10.3.6.2 当发球队员击球时,场上 1 号位队员必须有一只脚的一部分比 2、3 号位队员距离中线更远,否则为位置错误,如图 6 所示。同时,1 号位队员必须有一只脚的一部分比 2(右)、3(左)号位队员距离右侧和左侧边线更远，否则为位置错误，如图 7 所示。

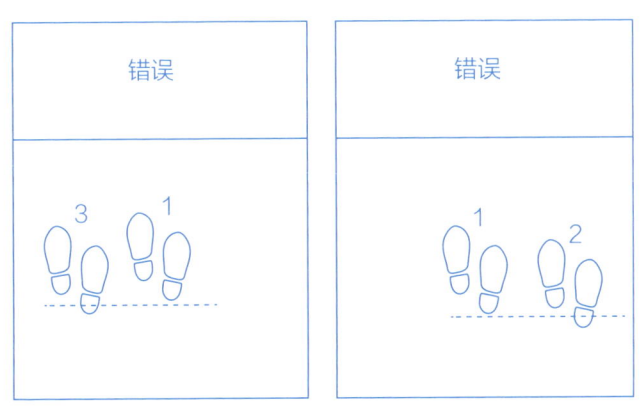

图 6　位置错误 1

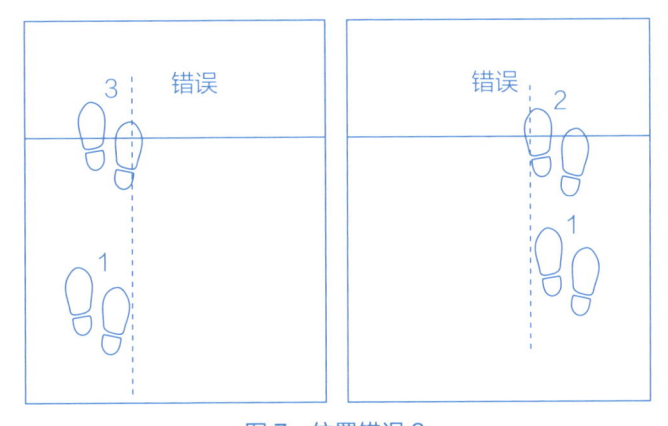

图 7　位置错误 2

10.3.6.3　　场上 2 号位（右）队员必须有一只脚的一部分比 3 号位（左）队员距离右侧边线更近，否则为位置错误，如图 8 所示；同时发球队 2、3 号位队员之间的距离要大于 2 米。

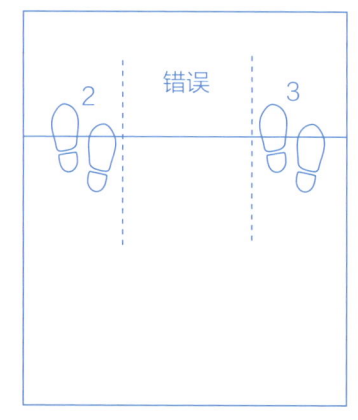

图 8 位置错误 3

10.3.7　发球队员击球后，队员可以在本方场区和无障碍区的任何位置。

10.3.8　三人赛位置错误发生时的状况与处理

10.3.8.1　当发球队员发球时犯规与对方位置错误同时发生，则判发球犯规。

10.3.8.2　当发球队员发球后的犯规（界外球、发球掩护等）与对方位置错误同时发生时，则判位置错误犯规。

10.3.8.3　某队位置错误时，判对方得 1 分，该队失去发球权，队员必须恢复正确位置。

10.3.9　　三人赛轮转次序

10.3.9.1　　每局比赛中，轮转次序、发球次序和队员位置均以位置表为依据。

10.3.9.2　　每一局比赛开始时获得发球权方，由填写在位置表上的 1 号位队员发球。

10.3.9.3　　接发球方获得发球权时，必须按顺时针轮转 1 个位置，即 1 号位队员转至 3 号位、3 号位队员转至 2 号位、2 号位队员转至 1 号位并发球。

10.3.10　　三人赛轮转错误

10.3.10.1　　未按正确轮转次序进行发球为轮转错误。

10.3.10.2　　当发生轮转错误时，记录员应按响蜂鸣器或鸣哨中止比赛，并通知副裁判员。

10.3.10.3　　副裁判员纠正轮转错误。

10.3.10.4　　正裁判员判对方得 1 分，该队失去发球权。

10.3.10.5 记录员应准确地确定其犯规何时发生，从而取消该队自犯规发生后的所有得分，对方得分仍然有效；如果不能确定犯规发生的时间，则仅判对方得 1 分，由对方发球。

11 发球

发球指队员在发球区将球抛起或持球手撤离后，必须用脚将球击出的行为。

11.1 发球进入比赛

正裁判员鸣哨允许首先获得发球权的队员发球，即为进入比赛。

11.2 第 2 局首先发球权

第 2 局比赛交换首先发球权。

11.3 发球的规定

11.3.1 双人赛中，每局获得发球权方由填写在双人赛发球次序表上的 1 号位队员首先发球，接发球方取得发球权后由填写在双人赛发球次序表上的 2 号位队员发球。

11.3.2　　正裁判员做出发球准备的手势后，发球队员须在 5 秒内到达发球区准备发球。

11.3.3　　正裁判员鸣哨允许发球后，发球队员须在 5 秒内将球发出。

11.3.4　　发球队员击球时不得踏及发球区线及其延长线、端线和发球区以外的区域。

11.3.5　　击球后可以踏及场区内或发球区以外的区域。

11.3.6　　发球方可以通过场上队长向裁判员询问发球次序，但每局不可以超过 3 次。

11.4　　发球掩护

11.4.1　　三人比赛中发球队员击球时，场上另外两名队员不允许站在发球区线向场内延长线内。

11.4.2　　发球队员击球时至球飞过球网垂直面的过程中，发球队的队员不允许挥臂、跳跃、侧向比赛场区中间移动或用声音等干扰接发球队。

11.5 发球犯规

判对方得 1 分，该队失去发球权。

11.5.1　未按发球规定执行发球。

11.5.2　发球次序错误

11.5.2.1　三人赛，未按 10.3.9 规则进行轮转并发球。

11.5.2.2　未按 11.3.1 规则进行发球即为发球次序错误。

11.5.3　球越过发球掩护队员。

11.5.4　发球击球后，球触及本方队员。

11.5.5　发球击球后，球触及标志杆进入对方场区或球从球网下端进入对方场区。

11.5.6　发球击球后，球落在界外。

11.5.7　发球击球后，球触及障碍物。

11.6 重新发球

出现下面情况重新发球，由发球方原发球队员发球，比分不变。

11.6.1　在裁判员鸣哨允许发球前，将球发出。

11.6.2　双方同时犯规。

11.6.3　比赛中，比赛用球损坏。

11.6.4　比赛中，其他人或物品进入比赛场地。

11.6.5　球挂在球网上，重新发球（最后 1 次合法击球除外）。

11.6.6　正裁判员鸣哨允许发球时，副裁判员也鸣哨做出其他的判罚。

12　击球

12.1　合法的击球部位

除肩关节以下的手臂、手以外的身体其他部位都为合法击球部位。

12.2　进攻性击球

12.2.1　竞技毽球：击球方将高于球网上沿的球击入对方场区为进攻性击球（拦网除外）。

12.2.2　　平踢毽球：所有击球后球的飞行轨迹有明显向上弧度且直接进入对方场区的击球都是进攻性击球。除接发球外的击球，其他第 1 次击球不受击球点和飞行轨迹的限制。

12.2.3　　不允许在限制区内用头完成进攻性击球。

12.3　　击球的次数

12.3.1　　每名队员最多可以连续击球 2 次。

12.3.2　　球队的击球次数

12.3.2.1　　单人赛：每队最多击球 2 次。

12.3.2.2　　双人赛：

竞技毽球：每队最多击球 3 次。

平踢毽球：每队最多击球 2 次。

12.3.2.3　　三人赛：

竞技毽球：每队最多击球 4 次。

平踢毽球：每队最多击球 3 次。

12.4 击球犯规

12.4.1　球队击球次数犯规

超出球队的合法击球次数，为击球次数犯规。

12.4.2　持球犯规

球不是被弹击出，在身体的某部位有停留为持球犯规。

12.4.3　连击犯规

一名队员连续击球超过 2 次。

12.4.4　手球犯规

手或手臂触及球。

12.4.4.1　防守方队员在拦网时，对方进攻性击球触及的防守方队员的手或手臂若未有附加动作，则不判罚。

12.4.4.2　对方进攻性击球时，防守方队员的手或手臂第 1 次触及球，若手或手臂未有附加动作，则不判罚。

12.4.5　头球犯规

12.4.5.1　在限制区内，主动用头部进攻性击球并进入对方场区。

12.4.5.2　对方进攻性击球时，防守方被动性击球（队员没有主动迎击球的动作，身体被动触碰到球），球触及头部并进入对方场区，不判罚。

12.4.6　借助击球犯规

队员在比赛场区内借助同伴或任何物体的支持进行击球。

13　界内球

球的任何部分触及比赛场区内的地面，包括界线，为界内球。

14　界外球

14.1　球完全触及界线以外的地面。

14.2　球触及场区以外的物体，如天花板、非场上比赛队员。

14.3　球触及标志杆及以外的球网或网柱。

14.4　球从两标志杆以外进入对方场区。

14.5	球从球网下空间进入对方场区。
14.6	球的整体越过中线延长线。

15　球网附近的球

15.1	球必须从球网上空的两根标志杆之间的过网区进入对方场区。
15.2	球通过球网时可以触及两根标志杆以内的球网。
15.3	球从球网下飞向对方场区时,球的整体越过网下垂直平面之前比赛继续进行。

16　球网附近的队员

16.1　队员的身体从球网上沿越过球网

16.1.1	进攻性击球时和击球后,不允许进攻方队员的身体任何部位进入对方场地空间。
16.1.2	拦网时,允许拦网队员起跳后上体越过球网的垂直面触球,但不得在对方进攻性击球前或击球时触球。

16.2　队员的身体从球网下进入对方地面或空中场区

16.2.1　队员不允许越过中线进入对方场区。

16.2.2　队员的脚踏及对方场区的同时，其余的部分接触中线或置于中线上空是被允许的，但不能干扰对方队员击球。

16.2.3　除脚以外的身体任何其他部位，不得触及对方场区。

16.2.4　比赛呈间断状态时，队员可以进入对方场区。

17　触网

17.1　队员不可以触及包括网柱、球网、标志杆和标志带。

17.2　由于球被击入球网而造成的球网触及队员，不为犯规。

18　拦击发球犯规

对方发球进入本方场区后，接发球方不得将在限制区内高于球网的球直接击入对方场区。

第五章　比赛间断与延误比赛

19　比赛间断

间断是完整的比赛过程后至下一次裁判员鸣哨发球。间断时可暂停和换人。

19.1　请求正常比赛间断

教练员可以请求正常的比赛间断，当教练员缺席时，场上队长可以请求正常的比赛间断。请求暂停或换人，必须在比赛呈间断状态时，裁判员鸣哨允许发球前，并使用相应的手势。

19.2　比赛间断的连续

一次或两次暂停可以与双方各一次换人相连续，中间无须经过比赛过程；但在同一次换人请求中可以替换两名或更多的队员。两次换人之间必须经过完整比赛过程。

第一部分　网式毽球竞赛规则

19.3　暂停

所有被请求的暂停时间均为 30 秒；每次暂停时，双方场上队员须离开比赛场区，但不得离开比赛场地。

19.3.1　竞技毽球

每局每队可以请求 2 次暂停。

19.3.2　平踢毽球

每局每队可以请求 1 次暂停，第 3 局交换场区后每队可以增加 1 次暂停。

19.4　三人赛换人

在裁判员的准许下，一名队员离开比赛场区，而由另一名队员经记录员登记后占据其场上位置的行为称为换人。

19.5　三人赛换人的限制

19.5.1　每局每队最多可换三人次，可以同时换一人或多人。

19.5.2　每局开始阵容中的队员，在同一局可以退出比赛和再次上场比赛。

19.6　三人赛的特殊换人

在三人赛比赛中，因队员受伤不能合法换人时，允许特殊换人并登记在记录表的备注栏里，被替换的受伤队员在本场比赛中不能上场。

19.7　被判罚取消比赛资格的换人

某队员被取消比赛资格时，必须进行合法换人；不能进行合法换人时，则宣布该队阵容不完整。

19.8　三人赛不合法的换人

19.8.1　超出规则 19.5、19.6 与 19.7 限制的换人是不合法换人。

19.8.2　某队进行不合法换人，而且比赛已经重新开始，应按如下步骤进行处理：

19.8.2.1　判对方得 1 分，该队失去发球权。

19.8.2.2　对不合法的换人给予纠正。

第一部分　网式毽球竞赛规则

19.8.2.3　取消该队在此犯规中所得的分数，对方的得分保留。

19.9　三人赛换人的程序

19.9.1　换人必须在换人区内进行。

19.9.2　换人时所持续的时间，仅限记录员登记和队员出入场区所必需的时间。

19.9.3　没有做好准备的请求给予拒绝，并警告 1 次。如再次出现此现象应判罚延误比赛。

20　延误比赛

20.1　延误比赛的行为

20.1.1　在比赛进行中或裁判员鸣哨允许发球的同时，或之后提出请求。

20.1.2　无请求权的成员提出请求。

20.1.3　没有恢复比赛前，同一队再次提出换人请求。

20.1.4　超过正常间断次数规定的请求。

20.1.5　拖延正常比赛间断。

20.1.6　　在裁判员鸣哨恢复比赛后，拖延间断时间。

20.1.7　　请求不合法换人。

20.1.8　　再次提出不符合规定的请求。

20.1.9　　球队成员拖延比赛的继续进行。

20.2　延误比赛的处罚

20.2.1　　"延误警告"和"延误判罚"是对全队延误比赛的处罚。

20.2.2　　延误比赛的处罚对全场比赛有效。

20.2.3　　所有延误比赛的处罚都登记在记录表上。

20.2.4　　在一场比赛中，对一个队成员的第 1 次延误比赛，给予"延误警告"。

20.2.5　　在一场比赛中，同一队的任何成员造成不论任何类型的第 2 次以及其后的延误比赛，都给予"延误判罚"，出示黄牌，判对方得 1 分并由对方发球。

20.2.6　　局前和局间的延误比赛处罚记在下一局中。

21 例外的比赛间断

21.1 受伤

21.1.1 比赛中出现严重的伤害事故，裁判员应该立即中断比赛，该球重新比赛。

21.1.2 如果队员受伤，已不能进行合法换人和特殊换人，则给予受伤队员 3 分钟的恢复时间。一场比赛同一名队员只能给予一次恢复的时间。如果不能恢复，则宣布该队阵容不完整。

21.2 外因造成的比赛中断

比赛中出现任何外界干扰（其他场地运动员或物品、球进入比赛场地），都应停止比赛，该球重新比赛。

21.3 被拖延的间断

21.3.1 任何意外情况阻碍比赛继续进行时（停电、更换损坏的器材等），正裁判员、比赛组织者共同研究决定，采取措施恢复比赛。

21.3.2 一次或数次中断时间累计不超过 2 小时。

21.3.2.1　如果比赛仍在原场地进行，中断的一局应保持原比分、原队员和原场上位置，已结束的各局比分保留。

21.3.2.2　如果比赛改在其他场地进行，中断的一局应取消，但保持该局开始时的队员阵容重新比赛，已结束的各局比分保留。

21.3.3　一次或数次中断时间累计超过 2 小时，全场比赛重新开始。

22　局间休息与交换场区

22.1　局间休息

22.1.1　所有局间休息均为 2 分钟。

22.1.2　局间休息用于交换场区和在记录表上登记球队的阵容。

22.2　交换场区

22.2.1　每局结束后比赛队交换场区，决胜局除外。

22.2.2　竞技毽球的决胜局中某队获得 11 分（三人赛）、8 分（双人赛、单人赛），以及平踢毽球中某队获得 6 分时，两队交换场区，不休息，不得进行场外指导，交换场区后队员保持交换前的位置，经副裁判员和记录员核对位置后继续比赛。如果未及时交换场区，被发现时应立即交换场区，并保留已获得的比分。

第六章　裁判员及其职责与法定手势和旗示

23　裁判员的组成

一场比赛的裁判员由以下人员组成：一名正裁判员、一名副裁判员、一名记录员、一名记分员、两名司线员、一名替补裁判员。

24　工作程序

24.1　比赛进行中，只有正裁判员和副裁判员可以鸣哨。

24.1.1　正裁判员鸣哨发球，比赛开始。

24.1.2　正裁判员和副裁判员确认犯规发生并判明其性质，鸣哨中止比赛。

24.2　在比赛中断期间，正裁判员和副裁判员可以鸣哨表示同意或拒绝一支球队的请求。

24.3　　裁判员鸣哨中止比赛后，应立即以法定手势表明：

24.3.1　　犯规的性质。

24.3.2　　犯规的队员（必要时）。

24.3.3　　发球的队。

25　　正裁判员

25.1　　位置

正裁判员坐在记录台对面的球网一端的裁判台上执行其职责，他的视线水平位置应高出球网上沿约 40 厘米。

25.2　　权力

25.2.1　　正裁判员自始至终领导该场比赛，对所有裁判员和球队成员行使权力。比赛中，正裁判员的判定是最终判定。如果发现其他裁判员的判断有误，正裁判员有权改判。

25.2.2　　正裁判员有权决定涉及比赛的问题，包括规则中没有规定的问题。

25.2.3　　正裁判员不允许他人对其判定进行任何讨论。但当场上队长提出请求时，正裁判员应对该判定所依据的规则和规则的执行给予解释。如果场上队长表示不同意解释，并立即声明保留比赛结束后将抗议写在记录表上的要求时，正裁判员必须准许。

25.3　　职责

25.3.1　　比赛前，正裁判员：

25.3.1.1　　检查场地，决定赛场条件是否符合比赛要求，检查比赛用球和器材。

25.3.1.2　　主持双方队长的抽签。

25.3.1.3　　掌握两队的准备活动。

25.3.2　　比赛中，正裁判员：

25.3.2.1　　向球队提出警告。

25.3.2.2　　对不良行为和延误比赛进行处置。

25.3.2.3　判定：

25.3.2.3.1　发球犯规和发球队位置错误，包括发球掩护。

25.3.2.3.2　比赛中击球的犯规。

25.3.2.3.3　主要（但不限于）在进攻一方的高于球网的犯规和队员触网犯规。

25.3.2.3.4　球的整体从网下方空间穿越。

25.3.2.3.5　球的整体或部分从正裁判员一侧的过网区以外进入对方场地或触及标志杆。

25.3.2.4　检查场地，决定赛场条件是否符合比赛要求。

25.3.3　比赛结束后，正裁判员检查记录表并签字。

26　副裁判员

26.1　位置

副裁判员站在正裁判员对面。比赛场区外的网柱附近，面对正裁判员执行其职责。

26.2 权力

26.2.1　副裁判员是正裁判员的助手，但是也有自己的权限。当正裁判员不能继续工作时，副裁判员可以代替其执行职责。

26.2.2　副裁判员可以用手势指出其权限以外的犯规，不得鸣哨，也不得向正裁判员坚持自己的判断。

26.2.3　副裁判员掌管记录员的工作。

26.2.4　副裁判员监督坐在球队席上的球队成员，将他们的不良行为报告给正裁判员。

26.2.5　副裁判员允许合法比赛间断的请求，掌握间断时间和拒绝不符合规定的请求。

26.2.6　副裁判员掌握各队暂停和换人的次数，并将最后一次暂停和换人告知正裁判员和有关教练员。

26.2.7　发现队员受伤时，副裁判员可以允许特殊换人或给予3分钟的恢复时间。

26.2.8　副裁判员检查比赛场地的条件，还要检查球是否符合

第一部分　网式毽球竞赛规则

比赛要求。

26.3　职责

26.3.1　在每局开始和决胜局交换场区时,以及任何必要的时候,检查场上队员的实际位置是否与位置表相符。

26.3.2　比赛中,副裁判员对以下犯规作出判断,鸣哨并做出手势:

26.3.2.1　队员从球网下穿越,进入对方场区和空间。

26.3.2.2　接发球队位置错误。

26.3.2.3　主要(但不限于)在拦网一方的队员触网犯规,以及触及副裁判员一侧标志杆的犯规。

26.3.2.4　球触及场外物体。

26.3.2.5　球的整体或部分从过网区以外过网、飞入对方场区或触及副裁判员一侧标志杆。

26.3.3　比赛结束后,副裁判员检查记录表并签字。

27　　　　记录员

27.1　　　位置

记录员坐在正裁判员对面的记录台处，面对正裁判员执行其职责。

27.2　　　职责

根据规则与副裁判员合作填写记录表。基于自己的职责，记录员通过蜂鸣器或其他声响设备通知裁判员不符合规则的行为或发出信号。

27.2.1　　在比赛前和每局前，记录员：

27.2.1.1　按照规定程序登记有关比赛和比赛队的情况，并获取双方队长和教练员的签字。

27.2.1.2　根据位置表登记各队的首发阵容（或检查电子系统提供的数据）。如果没有按时收到位置表，应立即通知裁判员。

27.2.2　　在比赛中，记录员：

27.2.2.1　记录得分。

27.2.2.2　　掌握各队的发球次序，发现发球次序错误时，应在发球后立即通知裁判员。

27.2.2.3　　掌握并登记暂停和换人次数，并通知副裁判员。

27.2.2.4　　对违背规则的间断请求要通知副裁判员。

27.2.2.5　　每局比赛结束以及决胜局任何队先得 11 分（竞技毽球三人赛）、8 分（竞技毽球双人赛、单人赛）、6 分（平踢毽球）时，向裁判员告知。

27.2.2.6　　记录处罚的情况。

27.2.2.7　　在副裁判员的指导下登记其他事件，如特殊换人、恢复时间、被拖延的间断、由外因造成的间断等。

27.2.2.8　　掌握局间时间。

27.2.3　　在比赛结束后，记录员：

27.2.3.1　　登记最终结果。

27.2.3.2　　如果有提出抗议的情况并得到正裁判员同意后，记录或允许队长将有关抗议的内容写在记录表上。

27.2.3.3　　记录员在记录表上签字后，取得双方队长和裁判员的签字。

28　司线员

28.1　位置

两名司线员分别站在正、副裁判员右侧的场区角端，距场角 1～1.5 米处。负责自己一侧的端线、边线、标志杆、发球区。

28.2　职责

28.2.1　　司线员通过运用旗帜执行其职责，在下列情况出示旗示：

28.2.1.1　　当球落在所负责的界线附近时，示意球"界内"或"界外"。

28.2.1.2　　触及接球队员身体后出界的球，示意"触身体出界"。

28.2.1.3　　球的整体或部分从自己一侧标志杆外过网进入对方场区或触及标志杆。

28.2.1.4　　示意发球队员击球时，其他队员脚踏出场区。

28.2.1.5　　发球队员着地脚犯规。

28.2.1.6　　队员触及司线员一侧的标志杆。

28.2.2　　在正裁判员询问时，司线员必须重复旗示。

29　替补裁判员

29.1　位置

替补裁判员坐在记录台后面的座位处。

29.2　职责

除正裁判员外，裁判员因身体健康原因或其他不可抗拒的原因不能继续完成裁判工作时，由替补裁判员顶替其工作，并履行其职责。当正裁判员不能完成裁判工作时，由副裁判员顶替其工作，替补裁判员顶替副裁判员的工作。

30　裁判员的手势

裁判员必须以法定手势指出鸣哨的原因（犯规的性质

第六章 裁判员及其职责与法定手势和旗示

或准许的比赛间断)。手势应有短时间的展示。如果是单手做手势,应使用与犯规队或请求队同侧的手表示,见表1。

表1 正、副裁判员的手势

序号	手势名称	手势示意图	说明
1	允许发球		挥动手臂至小臂斜上举与水平面成45度,指出发球方向
2	得分或发球权		一臂平举,掌心向前。手臂指向发球队一方
3	界内球		一臂伸直,掌心向前,指向斜下方

第一部分　网式毽球竞赛规则

续表

序号	手势名称	手势示意图	说明
4	界外球		两臂屈肘上举，掌心向后
5	球触身体出界		一臂屈肘抬起，掌心向后，另一手掌摩擦该手手指
6	持球犯规		一臂屈肘，慢举小臂，掌心向上
7	连击犯规		竖起食指和中指并分开，掌心向前

第六章　裁判员及其职责与法定手势和旗示

续表

序号	手势名称	手势示意图	说明
8	四次击球犯规		竖起食指、中指、无名指和小指并分开，掌心向前
9	五次击球犯规/五秒犯规		竖起五指并分开，掌心向前
10	队员触网犯规		一臂向前平举，掌心向球网，手触犯规队一侧的球网
11	过网击球犯规		一臂向前屈肘置于球网上空，平行于球网，掌心向下

第一部分 网式毽球竞赛规则

续表

序号	手势名称	手势示意图	说明
12	手球犯规		一手臂握拳斜下伸，另一手指轻触该手臂
13	进攻性击球犯规		一臂上举，小臂向下摆动，手掌张开，掌心向下
14	拦击发起犯规/发球掩护犯规		两臂上举，掌心向前
15	重新发球/双方犯规		两臂屈肘至前平举，竖起拇指

第六章　裁判员及其职责与法定手势和旗示

续表

序号	手势名称	手势示意图	说明
16	侵入对方场区/发球队员脚的犯规/球从网下通过/发球时队员不在场区内		食指指向中线或相关的界线
17	位置或轮转错误		一手食指在体前向下，水平绕环
18	一局或一场比赛结束		两臂屈肘在胸前交叉，手伸开，掌心向内
19	交换场区		两臂头上交叉，掌背相对

第一部分　网式毽球竞赛规则

续表

序号	手势名称	手势示意图	说明
20	暂停		一臂屈肘抬起，手指向上，另一手掌放在该手指尖上
21	换人		两臂屈肘，双手握拳在胸前绕环
22	不良行为警告		一臂屈肘握拳抬起，拳心向后
23	延误警告		一臂屈肘握拳抬起，拳心向后，另一手食指指向手腕部位

续表

序号	手势名称	手势示意图	说明
24	红牌或黄牌判罚		一手持红牌或黄牌举起

30.1　司线的旗示

司线员必须用法定的旗示表明犯规的性质，并有短时间的展示，见表2。

表2　司线的旗示

序号	旗示名称	旗示示意图	说明
1	界内球		向下示旗、手臂伸直

续表

序号	旗示名称	旗示示意图	说明
2	界外球		向上示旗、手臂伸直
3	球触身体出界		一只手举旗，另一只手置于旗杆顶端
4	球触及标志杆或从标志杆以外进入对方场区/发球队员脚的犯规/发球者发球时队员不在场区内		一只手向上举旗水平环绕，另一只手指向标志杆或相关界线

第二部分
PART 02
花式毽球竞赛规则

第二部分　花式毽球竞赛规则

目　录

第一章　竞赛通则 ········· 072

第一条　竞赛项目 ········· 072
第二条　竞赛分组 ········· 073
第三条　比赛场地 ········· 074
第四条　比赛器材和参赛音乐 ········· 077
第五条　比赛着装 ········· 077
第六条　礼仪 ········· 079
第七条　比赛口令 ········· 079
第八条　检录 ········· 080
第九条　弃权 ········· 080
第十条　申诉 ········· 080
第十一条　参赛人员 ········· 081

第二章　仲裁及裁判人员 ········· 083

第十二条　仲裁委员会 ········· 083
第十三条　裁判人员 ········· 083

第三章　竞赛办法 ········· 085

第十四条　围踢类竞赛及评分方法 ········· 085
第十五条　计数赛竞赛及评分方法 ········· 093
第十六条　花样赛竞赛及评分方法 ········· 099
第十七条　创意赛竞赛及评分方法 ········· 117

第二部分　花式毽球竞赛规则

第一章　竞赛通则

第一条　　竞赛项目

一、围踢类

五人围踢（5分钟）。

二、计数类

个人计数赛（1分钟）、团体接力计数赛（4×30秒）。

三、套路类

（一）花样赛

- 规定套路：个人规定套路赛、集体规定套路赛。

- 自选套路：个人自选套路赛、双人自选套路赛。

第一章　竞赛通则

（二）创意赛

个人创意赛、双人创意赛、集体创意赛。

第二条　　竞赛分组

一、围踢类

（一）按性别分组

男子组、女子组、男女混合组。

（二）按年龄分组

少年组（13～18岁）、青年组（19～25岁）、成人组（26岁及以上）。

二、计数类与套路类

（一）按性别分组

男子组、女子组、男女混合组。

（二）按年龄分组

儿童组、少年组、成人组、老年组。

第二部分　花式毽球竞赛规则

第三条　　比赛场地

一、围踢类

（一）场地规格

长、宽各 12 米。以场地中心点为圆心，画出直径 3.6 米的圆，为限制区。比赛场地的界线宽 4 厘米，颜色应与场地有明显区别，界线的宽度包括在各区域面积之内。

（二）场地要求

正式比赛场地的地面须平整，应为硬质地面材质（如木地板、塑胶地面、合成材质地面等）。比赛场地四周无障碍区至少 3 米，场地上方空间不低于 6 米。

（三）裁判席

裁判席设在独立的裁判区内，裁判区为比赛场地周围的 3 米区域内，离观众席至少 2 米。裁判区与观众席保持一定的距离，互不干扰。

围踢类毽球比赛场地如图 1 所示。

第一章 竞赛通则

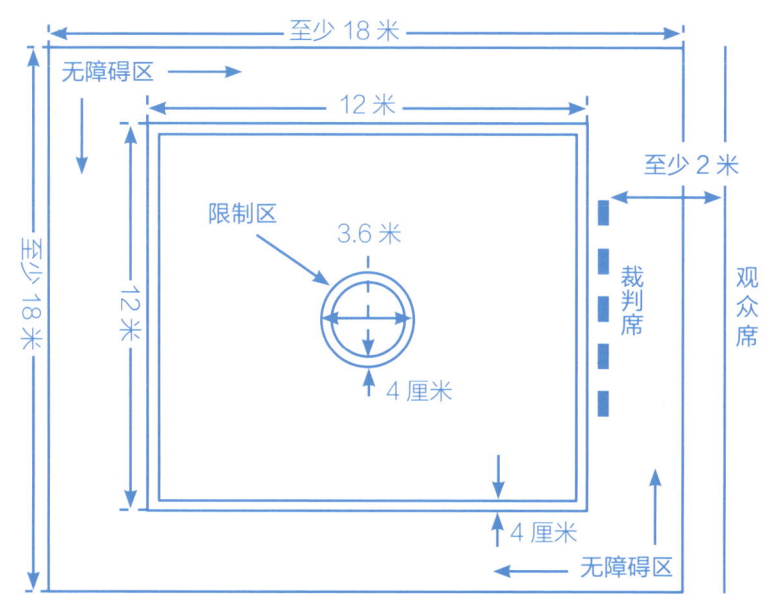

图 1 围踢类毽球比赛场地示意图

二、计数类与套路类

（一）场地规格

计数类与套路类比赛场地为长 6.1 米、宽 5.96 米的平面场地；比赛场地的边界线宽为 4 厘米，线宽包括在场地内，颜色应与场地有明显区别。

（二）场地要求

正式比赛场地的地面须平整，应为硬质地面材质（如木地板、

075

第二部分　花式毽球竞赛规则

塑胶地面、合成材质地面等）。比赛场地四周无障碍区至少 2 米；场地上方空间不低于 6 米。

（三）裁判席

裁判席设在裁判区内，离观众席至少 2 米。

（四）其他区域

在运动员比赛的同时，教练员及其他人员应在指定区域内就座。

计数类与套路类毽球比赛场地如图 2 所示。

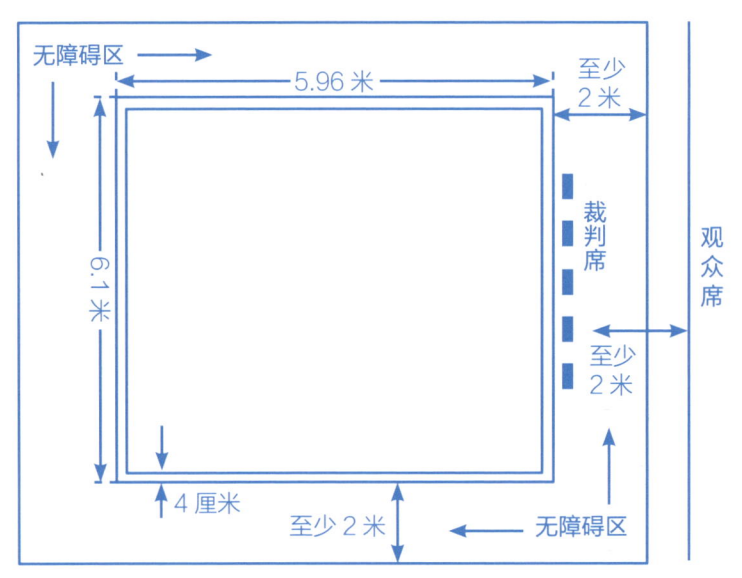

图 2　计数类与套路类毽球比赛场地示意图

第四条　　比赛器材和参赛音乐

一、比赛器材

花式毽球比赛用球由禽类羽毛和毽垫组成，毽毛高和羽展宽10厘米以上，毽垫直径2厘米以上；围踢毽球比赛用球重10克以上，计数类、套路类毽球比赛用球重8克以上。

二、参赛音乐

花式毽球比赛前，选手要在参赛音乐文件上清楚地标明参赛者姓名、参赛单位信息，选用MP3格式，将音乐按规定时间发送到组委会的邮箱地址，并自备一份。教练员有义务辅助放音员选择正确的音乐，音乐时长必须与比赛规定时间一致。无参赛音乐者并不犯规，但比赛时将无音乐伴奏，并会在艺术表现力部分扣分。

第五条　　比赛着装

一、比赛服装

应以突出花式毽球的项目特色为宜，服装要合体，修饰适度。参加集体项目比赛的同队运动员，应统一着装参赛（男、女运动员可着不同服装），包括上衣、下装。比赛服装（袖子和领子除外）的主要颜色应与比赛毽球有明显不同。比赛服装上不得带有不文雅或与本项运动不符的图案或字样，禁止出现描绘战争、暴力、宗教信仰或色情主题的元素，如违反则取消比赛资格。应在比赛服上衣背后佩戴组委会指定的运动员参赛号码布，号码布规格不长于24厘米，不宽于20厘米。比赛服上可标有队名、赞助商标志。围踢类毽球每名队员应拥有一个号码（1～20号）。

二、化妆与饰物要求

参赛运动员可以化淡妆，不得佩戴和持有妨碍比赛安全的任何饰物、挂件。运动员身体禁止涂抹油彩，禁止文身，如违反则取消比赛资格。

三、发型规定

参赛运动员（除短发者）头发不可遮挡面部，碎发、散发、刘海儿须用发胶、发卡进行固定。

四、比赛鞋袜

运动员必须着合适的软底运动鞋及运动袜进行比赛。

第六条　　礼仪

一、候场

比赛开始前，运动员持毽在指定地点等候入场。

二、持毽礼

手心向上，屈臂体前托举毽子，与胸齐平。

三、运动员入场

应以纵列排队进入，持毽队员以持毽礼行走在队前，进入场地后面向裁判席以横排站立，在宣告员宣布参赛运动员名字与号码时，向前一步举手示意，并向观众和裁判员鞠躬行礼。

四、运动员退场

比赛结束后，运动员整队面向裁判席横向站立，向观众和裁判员鞠躬行礼后列队离场。

第七条　　比赛口令

比赛均采用播音口令，比赛开始口令为"裁判员准备——运动员准备——预备——开始（或哨音）"，结束口令为"停（或哨音）"。

第二部分　花式毽球竞赛规则

第八条　检录

运动员须在赛前 30 分钟到达指定地点报到，参加第 1 次检录并检查服装和比赛用毽。赛前 15 分钟进行第 2 次检录，赛前 5 分钟进行第 3 次检录。

第九条　弃权

• 赛前 3 次检录未到或检录后擅自离开，不能按时上场比赛者，按弃权处理。

• 比赛期间运动员因受伤不能达到比赛规则要求人数，则按弃权处理。

• 比赛期间运动员无故弃权，则取消该队整场比赛成绩。

第十条　申诉

运动员对裁判员裁决有争议时，由领队或教练员在比赛结束后 30 分钟内以书面形式向仲裁委员会提出申诉，同时缴纳申诉费 2000 元。仲裁委员会接受运动队的申诉后要及时作出裁决。

第一章 竞赛通则

第十一条　　参赛人员

一、行为规范

● 运动员必须遵守大会相关规定和竞赛规则，公平竞争，尊重和服从裁判。在场上不准有吵闹、谩骂等任何表示不满的行为。

● 每名运动员、领队、教练员和队医每次比赛只能代表一支比赛队参加比赛，违者将被取消比赛资格。

● 参赛人员不得在比赛期间对裁判员施加影响并干扰裁判工作。

● 场外参赛人员不得以任何方式对场上运动员进行侮辱、指责、肢体动作及其他干扰方式来影响比赛。

二、围踢类

每支球队由 5~6 名队员组成，其中 5 名为上场队员，1 名为替补队员，替补队员可在场上队员受伤无法比赛时，比赛时间不停止的情况下替换受伤队员（该队员本场比赛不能再上场）。每队中应有一名队长，是球队的代表，比赛中佩戴队长袖标，负责在检录时提交队员站位表、在检录表上签字和赛后提出申诉。

三、计数类

团体接力计数赛：每队由 4 名队员组成。

四、套路类

（一）花样赛集体规定套路赛

每队由 5 人组成，同时上场。

（二）花样赛双人自选套路赛

两人同时上场。

（三）创意赛双人创意赛

两人同时上场。

（四）创意赛集体创意赛

每队由 5 名队员组成，同时上场。

第二章　仲裁及裁判人员

第十二条　　仲裁委员会

仲裁委员会出主任、副主任和若干委员组成。负责受理运动队的申诉并及时做出裁决。

第十三条　　裁判人员

一、人员组成

比赛设裁判长 1 人，副裁判长 1～3 人；设执场裁判组、编排记录组和检录组。

二、各项目裁判

（一）围踢类

● 每块场地设 5 名评分裁判员，其中 1 名兼任执行裁判长；另设宣告员 1 人，放音员 1 人。5 名裁判员负责评出比赛中各自负责运动员的技术分，以及比赛队在比赛中的团队礼仪得分、比赛着装得分、艺术表现力得分。

• 编排记录组设编排记录长1人，编排及汇总记录员1～2人，计分员2人。

• 检录组设检录长1人，检录员2～3人。

(二)计数类与套路类

• 计数赛每块场地设4名裁判员，其中1名兼任裁判长。

• 花样赛规定套路比赛每块场地设裁判长1人，综合评分裁判员5人；自选套路比赛每块场地设裁判长1人，综合评分裁判员5人，难度评分裁判员3人。

• 创意赛每场比赛设裁判长1人，评分裁判员5人。

• 编排记录组设编排记录长1人，编排记录员3～4人，计分员2人，计时员1人，宣告员1～2人。

• 检录组设检录长1人，检录员3人。

第三章　竞赛办法

第十四条　围踢类竞赛及评分方法

一、竞赛方法

在规定的时间内按照踢毽运动的基本规律，由 5 人在比赛场地内，限制区外，通过完成有效踢毽动作，展示技巧性和艺术性获得难度评分，以及在团队礼仪、参赛服装、艺术表现力方面获得综合评分。

比赛得分（满分 100 分）包括：技术分（80 分），团队礼仪（5 分），比赛着装（5 分），艺术表现力（10 分），见表 1。

表 1　围踢类毽球分值总表

技术分	团队礼仪	比赛着装	艺术表现力
80 分	5 分	5 分	10 分

第二部分　花式毽球竞赛规则

二、得分类型

（一）技术得分

技术得分包含：难度动作得分、违例扣分。比赛中的难度动作得分减去违例扣分为技术得分。

1. 难度动作得分

比赛设定难度分级动作，每成功完成 1 次动作获取相应分值。比赛中 5 名队员在规定时间内所做出的每个有效踢毽难度动作获取的分值为难度动作得分，难度总分没有限制，难度动作分值见表 2。

表 2　难度动作分值表

序号	动作名称	分值 1	2	3	4	5	6	7	8
1	体前或体侧踢	√							
2	体前或体侧跳或旋		√						
3	体后踢		√						
4	体前停或绕、体后跳或旋踢			√					
5	组合一：基础动作接第二难度动作				√				
6	组合二：两个不同难度的组合动作（见表 3）					√			

续表

序号	动作名称	分值 1	2	3	4	5	6	7	8
7	难度动作一类（见表3）				√				
8	难度动作二类（见表3）					√			
9	难度动作三类（见表3）						√		
10	创新动作一，赛前申报+竞赛委员会集体审定							√	
11	创新动作二，赛前申报+竞赛委员会集体审定								√

技术动作界定分类如下。

（1）基础动作：基本技术主要包括脚内侧踢毽（盘踢）、膝上触踢毽（磕踢）、脚外侧踢毽（拐踢）、脚背踢毽（绷踢）。

（2）体前与体侧地面踢毽球动作：是指正面面向毽球飞来方向，在身体前或侧无肢体障碍的情况下，做出的踢毽动作。

（3）跳踢类：先跳后踢的空中踢毽动作。

（4）旋踢类：先旋转后踢毽的旋转类动作。

（5）停毽类：用身体的单一部位（头、背、胸、腿、脚）将队友传来的毽子明显接停2秒以上，再弹甩出后加踢出毽的动作。

（6）手臂限制类动作（燕过中门、天门）：手臂限制应为闭环，毽子应穿过手臂形成的闭环。

（7）连珠炮：连续三个独立完成的后打。

（8）一字马：先做出一字马动作后的踢毽。

（9）创新动作：赛前运动员应将自选套路创新难度申报表上交大会，经大会竞赛委员会集体审定，并确认难度定级，给予相应的创新分。

（10）难度动作未完全完成时，按照实际完成难度动作评分。

（11）动作分类见表3。

2.违例扣分

比赛中选手做出违反规定的动作或毽落地为违例，扣除1~3分，两个违例同时出现时只扣其中一个较大的违例分值，扣分细则见表4。

第三章　竞赛办法

表 3　动作分类表

分值	动作分类	动作名称	备注
0	基础动作	盘踢、蹦踢、磕踢、拐踢	不计分
1	体前或体侧踢	侧踢、抽丝侧踢、踢七、杂踢、骗踢、跪踢、剪蹦、朝天蹬	旋转应是先抓后踢
2	体前或体侧跳或旋踢	跳剪、体前跳旋打、单飞燕、玉燕翻云、燕过中门、单兵救主、鱼跃龙门、跳侧磕、龙虾剪	手臂限制，应是门进门出
2	体后踢	后打、侧后打、蝎子摆尾	
3	体前停或绕、体后跳或旋踢	正脚背停、头停（佛顶珠）、后背停、脚内或外侧360度绕、抽丝后打、马踏飞燕、腾空后打、磕360度绕	跳应是先跳后踢
4	组合一：基本动作接第二难度动作	前蹦后踢、前蹦剪刀、前蹦侧踢、盘踢剪刀、盘踢单飞燕、拐踢后踢、拐踢剪刀、拐踢侧踢、盘踢接绕、磕接绕（踏雪寻梅）	接绕应是双脚交替动作
4	组合二	地剪、暗度陈仓、一字马、凌空360度绕、双飞燕	
5	组合二：两个不同难度动作	抹绕、侧踢接剪刀、侧踢接单飞燕、抹接单飞燕、抹接骗马、抹接跳剪、脚停接单飞燕、脚停接侧踢、脚停接旋踢、背脚接后打（落燕飞鸾）、头停接后打、脚停接剪、抹接地剪	停应是一个体位平面，键停稳2秒以上再接第二动作
6	难度动作二	燕过天门、纺车（三周）、拉燕	
6	难度动作三	连珠炮（三次）、720度绕、360度剪刀脚	
7	创新动作一		赛前申报+竞赛委员会集体审定
8	创新动作二		

089

第二部分　花式毽球竞赛规则

表 4　违例扣分表

具体违例项目	扣除分值
队员脚踩界线或进入限制区为出界	扣 1 分
手抛发毽	
传毽给相邻队友	
毽子落地	扣 2 分
连续接队友 3 次以上（含 3 次）传毽	
队员在一次传接过程中，身体 3 次触毽（连珠炮除外）	
手臂主动触毽、手臂张开触毽、手接毽	扣 3 分

3. 不评分动作

（1）比赛中只有基础动作出现不评分。

（2）比赛中，向相邻位置踢出的任何动作都不得分。

（二）艺术表现力得分

参赛队在比赛中体现健康向上，姿态优美，动作娴熟，充满活力，安全无损伤且观赏性强，能引起观众共鸣等方面表现所得分值为艺术表现力得分，最高为 10 分，具体见表 5。

表5 艺术表现力评分表

评分标准	等级		
	好	中	一般
音乐动作融合、相互配合默契、动作协调舒展、传接精准有力	8~10分	5~7分	2~4分

（三）团队礼仪分

比赛中根据运动员参赛礼仪表现所得分值，最高为5分，具体见表6。

表6 团队礼仪评分表

评分标准	等级		
	好	中	一般
队列整齐精神、礼节合规自然、尊重体育精神、遵守赛场纪律	4~5分	2~3分	0~1分

（四）比赛着装分

比赛中根据运动队着装表现所得分值，最高为5分，具体见表7。

表 7 比赛着装评分表

评分标准	等级		
	好	中	一般
服装统一、号码鲜明、整洁亮丽、风格有特色	4~5分	2~3分	0~1分

三、计分方法

（一）技术分计算

全部比赛结束，全场技术得分最高队的技术分除以80为基准数"N"；比赛队技术得分为：技术分/"N"

（二）比赛队最后得分

技术分（80分）+艺术表现力得分（10分）+团队礼仪得分（5分）+比赛着装得分（5分）。

四、名次确定

比赛成绩按比赛队最后得分确定，分数高者名次列前；如分数相等，技术得分高者名次列前；如仍相等，艺术表现力得分高者名次列前；如仍相等，团队礼仪得分高者名次列前；如仍相等，比赛着装得分高者名次列前；如仍相等，违例扣分少者名次列前。

第三章 竞赛办法

第十五条　　计数赛竞赛及评分方法

计数赛包括个人计数赛和团体接力计数赛。

一、竞赛方法

（一）个人计数赛

是指运动员在 1 分钟内，使用大会指定的基本技术完成尽可能多的踢毽次数的竞赛项目。基本技术主要包括脚内侧踢毽（盘踢）、膝上触踢毽（磕踢）、脚外侧踢毽（拐踢）、脚背踢毽（绷踢）、脚内侧接停毽（里接）、脚背接停毽（外落）、跳踢毽等。

（二）团体接力计数赛

4 名运动员排成纵队在场外候场，第 1 名运动员进场在 30 秒内踢完一种技术，在转换口令发出后，将毽子传给第 2 名运动员，第 2 名运动员进场完成第 2 种技术，以此类推，依次完成 4 种基本技术，累计 4 名运动员踢毽总数。

二、基本技术要求

（一）脚内侧踢毽（盘踢）

分别用两足内侧互换踢毽计为 1 次，膝关节外展，大腿发力带动小腿向内侧摆，用足内侧将毽子踢起。

（二）膝上触踢毽（磕踢）

以双膝上部交替触踢毽计为 1 次。要求用两腿膝盖互换将毽子磕起（撞起），髋关节放松，屈腿向上抬起，小腿放松自然下垂，大腿不能外张或内扣。

（三）脚外侧踢毽（拐踢）

以双脚外侧交替踢毽计为 1 次。要求用足外侧踢毽，大腿放松，小腿向体后侧上方摆动，勾脚尖，踝关节发力将毽子踢起。踢毽时大腿不要摆到体前，小腿向体后侧上方摆动不要过高。

（四）脚背踢毽（绷踢）

以脚背把毽交替踢起计为 1 次。要求用足尖的外三趾部分踢毽，大腿稍抬，小腿向正上方摆动，膝关节放松，踝关节发力。踢毽的瞬间，足尖外三趾向上勾起。

（五）脚内侧接停毽（里接）

以脚内侧接停毽，双脚交替接停计为 1 次。要求将毽子踢起，高约齐髋，通过缓冲将毽子接停在足内侧；稍停后，随即用大腿带动发力将毽子抛起，高约齐髋，用另一足内侧按同样的方法再将毽子接住。

（六）脚背接停毽（外落）

以脚背接停毽，双脚交替接停计为 1 次。要求用各种方法将毽子踢起，高约齐髋，通过缓冲将毽子停在足外侧；稍停后，该侧腿以小腿带动上摆将毽子抛起，高约齐髋，另一侧腿按同样的方法将毽子停在足外侧。

（七）跳踢

踢毽脚蹬地起跳，在身体侧方，用脚内侧把毽踢起，双脚交替各进行 1 次计为完成 1 次。

在团体接力计数赛中完成 1 次单侧跳踢则计数 1 次。

三、项目确定

赛前，竞赛委员会在以上 7 种基本技术中，选择其中部分或全部技术进行比赛。竞赛项目确定后，写入竞赛规程下发。

四、计分方法

所有技术均左右脚交替各踢 1 次，计数 1 次；连续单脚踢毽

第二部分　花式毽球竞赛规则

或单膝触踢不计次数。

（一）应得数

• 每场比赛须由 3 名裁判员计数。

• 若 3 名裁判员计数不相同，应以两个相同的计数次数或两个最接近的计数次数平均值为准。例如，针对 132、134、137 这 3 个不同计数，应取 132、134 两数的平均值，即 (132+134)/2=133。

• 若 3 名裁判员计数各不相同但间距相同，应以两个最高计数次数的平均值为准。例如，133、135、137 这 3 个不同计数，应取 135、137 两数的平均值，即 (135+137)/2=136。该平均值为运动员该场比赛的计数应得数。

（二）最后有效次数

计数应得数减去裁判长判罚的犯规应扣次数，为运动员的最后有效次数。最后有效次数应为整数，小数点后数值应四舍五入。

（三）名次确定

1. 个人计数赛

名次按最后有效次数确定，次数多者名次列前；如次数相等，失误与犯规少者名次列前；如仍相等并涉及第一名，则加赛一场确定名次（加赛 1 分钟）；若仍相等，则名次并列。

2. 团体计数赛

名次按最后有效次数确定，次数多者名次列前；如次数相等，失误与犯规少者名次列前；如仍相等，按比赛动作倒序依次查询次数确定名次，同一动作次数多者名次列前；如仍相等并涉及第一名，则加赛一场确定名次；若仍相等，则名次并列。

五、犯规及罚则

（一）抢踢犯规

• 抢踢犯规是指在"开始"口令下达前出现踢毽或抛毽的现象。

• 比赛中运动员抢踢，由裁判长记该运动员抢踢犯规 1 次，从总成绩中扣除次数 3 次，连续 2 次抢踢即取消该运动员比赛资格。

（二）转换犯规

• 转换犯规是指在团体接力计数赛中，下达"转换"口令之前，运动员就进场转换的现象。

• 如出现转换犯规，比赛继续，由裁判长记犯规 1 次。

第二部分　花式毽球竞赛规则

• 转换犯规 1 次将由裁判长从总成绩中扣除次数 3 次。

（三）调整犯规

• 调整犯规包括指定动作的调整犯规和非指定动作的调整犯规。指定动作的调整犯规是指运动员单脚连续两次以上（含两次）踢毽。非指定动作的调整犯规是指运动员使用指定动作以外的其他动作踢毽。

• 在比赛中，运动员出现了调整犯规，裁判员对此踢法不予计数，并记该运动员调整犯规（即失误）1 次。

（四）出界犯规

比赛中，如运动员出界，由裁判长记犯规 1 次；裁判员对场地外（运动员出界）的踢毽不予计数。

（五）落地失误

比赛中运动员踢毽落地，比赛继续，计失误 1 次。

（六）比赛无效

• 运动员在比赛中没有按照指定的技术动作进行比赛，或没有按照指定的技术动作进行团体接力转换，由裁判长判罚其比赛无效。

• 在比赛中，由于运动员自身原因中止比赛，则判该运动员比赛无效。

第十六条　花样赛竞赛及评分方法

花样赛包括规定套路和自选套路两种竞赛项目。

一、竞赛方法

（一）规定套路赛

是指运动员个人或集体完成花毽规定套路的全部动作，全面展示个人或集体踢毽的基本功和基本技术，突出花毽技术规范性的竞赛项目。

（二）自选套路赛

是指运动员个人或双人在规定时间内，按照花毽运动的基本规则，任意选择花毽技术动作，合理运用技术变化并配合身体姿势的表演，完成自编的花毽套路，全面展示个人或双人踢毽的高超技巧和配合，突出花毽竞技性和艺术性的竞赛项目。整套动作不得出现毽子以外的其他器械。

二、花样赛自选套路竞赛要求

• 自选套路的组合编排必须包括跳跃、绕转和接停三类不同的难度动作。

• 个人或双人赛中,运动员须每人各持一毽,完成花毽自选套路的比赛。

• 参加双人花毽自选套路比赛的两名运动员,必须完成至少 5 次整齐一致的难度技术动作、至少 3 次的双毽交换和至少 3 次的双人位置交换。

• 自选套路的比赛,运动员根据动作组合的编排自行选用音乐伴奏。

三、花样赛自选套路竞赛时间

• 个人自选套路的比赛时间为 50~70 秒。

• 双人自选套路的比赛时间为 60~90 秒。

四、花样赛计时办法

(一)计时开始

运动员进入比赛场地,造型完毕后,身体任何部位开始演练,即为计时开始。

（二）计时结束

运动员完成套路有明显的结束动作造型，或向裁判长举手示意，即为计时结束。

五、花样赛音乐

• 花样赛伴奏音乐的旋律以及节奏的转换等元素要与运动员完成的动作完美结合、相得益彰。

• 需按照大赛组委会要求提交伴奏音乐，赛前由大会统一组织试音，确保无误。

• 花样赛运动员（队）上场比赛前，由其所在运动队的领队或教练再次检查确认，并在音响师的帮助下为该运动员（队）播放音乐。

六、花样赛评分方法

（一）规定套路赛评分办法

1. 规定套路赛扣分制细则

规定套路甲组（成人）、乙组（青少年）采用扣分制进行评分，满分为 10 分。裁判员根据运动员临场完成规定套路的质量，对其出现的错误或失误进行扣分，具体扣分标准见表 8、表 9。

表 8　花样赛规定套路（甲组）扣分标准

扣分裁判	规定动作	动作说明及要求	扣分点	扣分标准
裁判员	预备姿势	持毽礼		
	盘踢	用托毽手将毽子在体前抛起完成 5 对（10 次）盘踢	每次盘踢时支撑腿明显弯曲	扣 0.2 分
			完成次数不够	扣 0.1~0.3 分，最多扣 0.3 分
	磕踢接转身（磕转身 90 度）	运动员完成第 5 对（10 次）盘踢后，即用左膝盖将毽子踢起，左右互换，连踢 4 次，向左转体 90 度（转体时应一次转过，不应边踢边转），继续连踢 4 次，再向左转体 90 度，一次磕踢 4 次向左转 90 度。第 4 次转体后，运动员回到原来位置，共 20 次	每次磕踢时支撑腿明显弯曲	扣 0.1~0.2 分，最多扣 0.2 分
			上身明显前倾	扣 0.1 分
			左（右）转体 90 度不到位	扣 0.2 分
			完成次数不够	扣 0.1~0.3 分 最多扣 0.3 分
	前额停毽（上前额）	完成最后 1 次磕踢后，运动员用足尖将毽子绷起，使毽子落在前额上稍停留，完成 1 次	前额接毽子时腿部明显弯曲缓冲	扣 0.2 分

续表

扣分裁判	规定动作	动作说明及要求	扣分点	扣分标准
裁判员	前额停毽（上前额）	完成最后1次磕踢后，运动员用足尖将毽子绷起，使毽子落在前额上稍停留，完成1次	脚部移动明显	扣0.2分
			身体前后左右摆动明显	扣0.3分
			完成次数不够	扣0.3分
	缠绕（足内侧绕转360度）	完成上前额后，平踢过渡一次，绕转单次接停后继续完成，共3次，动作之间不得用任何动作调整	支撑腿明显弯曲	扣0.2分
			上身明显前倾	扣0.3分
			脚和毽子（脱离）绕转	扣0.2分
			完成次数不够	扣0.1~0.3分，最多扣0.3分
	跳踢（左右交替）	完成缠绕后，用平踢过渡一次，然后完成跳踢3对，左右脚交替踢（共6次）3对，每次踢起的毽子应过头，最后用手将毽子接住，还原成预备姿势	毽子踢起的高度未过头部	扣0.3分
			毽子从体侧踢起，上升角度明显偏离身体	扣0.2分
			3次跳踢身体朝向明显不一致	扣0.3分
			完成次数不够	扣0.1~0.3分，最多扣0.3分

续表

扣分裁判	规定动作	动作说明及要求	扣分点	扣分标准
裁判员	其他错误扣分		比赛中服饰、鞋掉地	扣0.3分
			比赛中人或毽出界	扣0.5分
			比赛结束后手接毽时,掌心向前或向下抓住毽	扣0.3分
			比赛进行中毽子落地、手接毽子、手击毽子	扣0.5分
			运动员跌倒	扣0.5分
裁判长			改变规定顺序	扣1分
			比赛过程中未按规则要求完成礼仪动作	扣0.5分
			漏做(或多做)了某单个动作	扣0.5分
			比赛服装不符合要求	扣0.5分
			比赛中器材损坏,调换后重新上场	扣1分

续表

扣分裁判	规定动作	动作说明及要求	扣分点	扣分标准
裁判长		其他错误扣分	比赛中未完成套路、中途退场	不予评判，无成绩

该项目动作如图3所示。

动作1（盘踢）　　动作2（磕踢）　　动作3（上前额）

动作4（缠绕）　　动作5（跳踢）

图3　花样赛规定套路（甲组）动作图示

表9 花样赛规定套路（乙组）扣分标准

扣分裁判	规定动作	动作说明及要求	扣分点	扣分标准
裁判员	预备姿势	持毽礼		
	盘踢	用托毽手将毽子在体前抛起完成5对（10次）盘踢	每次盘踢时支撑腿明显弯曲	扣0.2分
			完成次数不够	扣0.1~0.3分，最多扣0.3分
	磕踢接转身（磕转身90度）	运动员完成第5对（10次）盘踢后，即用左膝盖将毽子踢起，左右互换，连踢4次，向左转体90度（转体时应一次转过，不应边踢边转），继续连踢4次，再向左转体90度，一次磕踢4次向左转90度。第4次转体后，运动员回到原来位置，共20次	每次磕踢时支撑腿明显弯曲	扣0.1~0.2分，最多扣0.2分
			上身明显前倾	扣0.1分
			左（右）转体90度不到位	扣0.2分
			完成次数不够	扣0.1~0.3分，最多扣0.3分
	脚外侧接停（外落）	完成最后1次磕踢后将毽子落在右脚面上，然后将毽子抛起落在左脚面上，共2次（左右脚交替踢计1次）	完成落地动作时支撑腿弯曲缓冲	扣0.2分
			抛起毽子的高度低于腰部或高于胸部	扣0.2分
			接毽脚接毽时触地	扣0.2分

续表

扣分裁判	规定动作	动作说明及要求	扣分点	扣分标准
裁判员	脚外侧接停（外落）	完成最后 1 次磕踢后将毽子落在右脚面上，然后将毽子抛起落在左脚面上，共 2 次（左右脚交替踢计 1 次）	停顿时间不够	扣 0.1 分
			完成次数不够	扣 0.1～0.3 分，最多扣 0.3 分
	前额停毽（上前额）	完成最后 1 次落毽后，运动员用足尖将毽子绷起，使毽子落在前额上稍停留，完成 1 次	前额接毽子时腿部明显弯曲缓冲	扣 0.2 分
			脚部移动明显	扣 0.2 分
			身体前后左右摆动明显	扣 0.3 分
			完成次数不够	扣 0.3 分
	左右交替跳踢	完成上前额后，用平踢过渡 1 次，然后完成跳踢 3 次（左右脚交替踢计 1 次，每次踢起的毽子应过头），最后用手将毽子接住，还原成预备姿势	毽子踢起的高度未过头部	扣 0.3 分
			毽子从体侧踢起，上升角度明显偏离身体	扣 0.2 分
			3 次跳踢身体朝向明显不一致	扣 0.3 分
			完成次数不够	扣 0.1～0.3 分，最多扣 0.3 分
	其他错误扣分		比赛中服饰、鞋掉地	扣 0.3 分

第二部分　花式毽球竞赛规则

续表

扣分裁判	规定动作	动作说明及要求	扣分点	扣分标准
裁判员	其他错误扣分		比赛中人或毽出界	扣 0.5 分
			比赛结束后手接毽时，掌心向前或向下抓住毽	扣 0.3 分
			比赛进行中毽子落地、手接毽子、手击毽子	扣 0.5 分
			运动员跌倒	扣 0.5 分
裁判长			改变规定顺序	扣 1 分
			比赛过程中未按规则要求完成礼仪动作	扣 0.5 分
			漏做（或多做）了某单个动作	扣 0.5 分
			比赛服装不符合要求	扣 0.5 分
			比赛中器材损坏，调换后重新上场	扣 1 分
			比赛中未完成套路、中途退场	不予评判，无成绩

第三章　竞赛办法

该项目动作如图 4 所示。

　　动作 1（盘踢）　　　动作 2（磕踢）　　　动作 3（外落）

　　动作 4（上前额）　　　　动作 5（跳踢）

图 4　花样赛规定套路（乙组）动作图示

2. 规定套路赛成绩的确定

（1）应得分：每场比赛须由 5 名裁判员评分，去掉 1 个最高分和 1 个最低分，取 3 个有效分的平均值为应得分。

（2）最后有效分数：应得分减去裁判组长其他错误扣分，为运动员的最后有效分数。

（3）名次确定：比赛成绩按最后有效分数确定，分数高者名次列前；如分数相等，失误与犯规少者名次列前；如仍相等，则名次并列。

(二) 自选套路赛评分方法

花样赛自选套路的比赛由 5 名综合评分裁判员和 3 名难度评分裁判员组成。综合评分裁判员负责运动员完成质量和总体印象的评判，难度评分裁判员负责运动员临场完成难度动作和创新动作的加分。

1. 自选套路赛评分标准

满分为 10 分，其中综合分 5 分（包括完成质量 3 分、总体印象 2 分），难度分 5 分。

（1）完成质量分：分值为 3 分。完成质量分是根据运动员的临场表现，从方法和姿态两方面进行综合评判，在好、中、差 3 个等级的分数区间内给出相应的分数，所给分数小数点后保留两位。评分标准见表 10。

表 10　完成质量分评分标准

评分内容	评分等级细则		
	好 （2.6~3.0分）	中 （2.1~2.5分）	差 （1.6~2.0分）
方法	踢法清晰，踢毽高度一致，没有出现失误	踢法不清晰，踢毽高度不一致，出现明显失误	踢法不清晰，踢毽高度明显不一致，出现严重失误
姿态	身体姿态优美，踢毽动作规范	身体姿态较优美，踢毽动作较规范	身体姿态不优美，支撑腿严重弯曲

（2）总体印象分：分值为2分。总体印象分是根据运动员的临场表现，从编排和艺术表现两方面进行综合评判，在好、中、差3个等级的分数区间内给出相应的分数，所给分数小数点后保留两位。评分标准见表11。

表 11　总体印象分评分标准

评分内容	具体方面	评分等级细则		
		好 （1.6~2.0分）	中 （1.1~1.5分）	差 （0.6~1.0分）
艺术表现 （1分）	音乐	旋律节奏鲜明，音乐动作融合一体	旋律节奏较好，音乐与动作协调	音乐节奏不鲜明，旋律与动作不融合
	服装	整齐、亮丽、有特色	整齐	不整齐
	精神面貌	精神饱满，动作传神	精神较饱满、有神	精神不饱满

续表

评分内容	具体方面	评分等级细则		
		好 （1.6~2.0分）	中 （1.1~1.5分）	差 （0.6~1.0分）
艺术表现 （1分）	感染力	优美舒展、感染力强	舒展大方、有感染力	拘谨、不流畅
编排 （1分）	内容	内容独特，形式新颖	有新的内容和形式上的新连接	内容一般，表现形式略陈旧
	连接	有较独特或新颖的连接	连接合理顺畅	连接性差
	布局	场地运用合理，动作分布均匀、活泼	场地运用较合理，动作分布较均匀	场地运用不合理，动作分布不均匀
	特色	全套编排有特色、有创新	编排合理	编排差

（3）如出现其他错误，由综合评分裁判扣分，具体扣分标准见表12。

表12 其他错误扣分标准

扣分裁判	失误性质	失误内容	失误扣分
裁判员	其他错误	●比赛中服饰、鞋掉地 ●比赛中人或毽出界 ●比赛结束后手接毽时，掌心向前或向下抓住毽	每出现1次扣0.3分，最多扣1分

续表

扣分裁判	失误性质	失误内容	失误扣分
裁判员	其他错误	● 比赛进行中毽子落地、手接毽子、手击毽子 ● 运动员跌倒	每出现1次扣0.3分，最多扣1分

以上两部分的评分由综合评分组裁判员根据运动员临场完成动作的质量和总体印象进行综合评分，两部分的得分总和减去其他错误扣分即为运动员的综合分。

（4）难度得分：分值为5分。难度得分是由难度评分组裁判员根据运动员临场完成难度动作的得分和创新难度动作的加分总和确定的，难度动作分值为4.5分，创新难度动作加分0.5分。

①难度动作是指具备较高身体素质和专项技能才能完成的踢毽技巧动作。

②难度分为A、B、C、D四个等级。

③难度动作统计方法：对运动员临场完成的不同难度动作的个数进行统计，重复或连续出现的同一难度动作不累积计分；双人自选套路的难度统计，只计算双人同步完成的难度动作，并将确认的难度得分乘2，即为双人自选套路赛难度得分。花样赛自选套路

的难度动作得分满分为 4.5 分,超过 4.5 分按 4.5 分计算。

④运动员须在比赛前将自选套路比赛的难度动作登记表上交裁判组。

⑤花毽难度动作等级划分见表 13。

表 13 花毽难度动作等级划分表

难度动作	等级对应动作			
	A (0.1 分)	B (0.2 分)	C (0.3 分)	D (0.4 分)
跳跃动作类	屈腿左右摆动	直腿前平举(大腿面与身体呈 90 度)	高举腿(直腿、脚高于肩、脚底低于头)	朝天蹬(戏水)连续跳踢
		双腿各绕毽一周	脚或腿绕毽两周	双脚或双腿绕毽两周
	屈腿单侧连续跳踢	屈腿左、右腿互换连续跳踢	直腿单侧连续跳踢	直腿左、右腿互换连续跳踢
绕转动作类	• 单脚内侧绕毽 360 度 • 摆动腿绕毽 360 度	• 单脚外侧绕毽 360 度 • 双脚内侧交替绕毽 360 度 • 单脚内侧绕毽 720 度 • 后方绕毽 360 度	• 单脚外侧绕毽 720 度 • 双脚内侧交替绕毽 720 度 • 单脚内侧绕毽 1080 度 • 后方绕毽 720 度	• 单脚外侧绕毽 1080 度(围绕毽子) • 双脚内侧交替绕毽 1080 度(围绕毽子)

续表

难度动作	等级对应动作			
	A (0.1分)	B (0.2分)	C (0.3分)	D (0.4分)
绕转动作类	• 单脚内侧绕毽360度 • 摆动腿绕毽360度	• 大腿绕毽360度 • 踝关节绕毽720度	• 大腿绕毽720度	• 单脚外侧绕毽1080度（围绕毽子） • 双脚内侧交替绕毽1080度（围绕毽子）
接停动作类	非朝天蹬动作或转体90度~120度	朝天蹬	• 转体180度 • 无支撑朝天蹬	• 无支撑转体180度 • 身体腾空接停
超难度动作	超越3类难度动作中任何一类D级难度的动作为超难度动作			

如裁判员评判出现明显偏离，裁判长有否定裁判小组的初评结果权，并召开裁判长、副裁判长、仲裁委员会议，研究决定最后分值。

⑥创新难度的确定。赛前运动员应将自选套路创新难度申报表上交大会，经大会竞赛委员会集体审定，并确认难度定级给予相应的创新加分和难度加分，创新加分不累计计算。

⑦花毽创新难度动作审定原则

• 在以往的比赛中从未出现该花毽动作。

• 创新动作必须符合花毽自身的运动规律。

⑧花毽创新难度审定程序

• 申报：运动队在规定时间内将创新难度申报表上交大会竞赛委员会。

• 审定：大会竞赛委员会组织专家对申报的创新难度动作进行审定。

• 反馈：审定结果在比赛前反馈给运动队。

• 登记：比赛结束后，对创新难度动作进行登记，并上报中国毽球协会备案。

以上部分的评分是由难度评分组裁判员根据运动员临场完成难度动作的种类和相应分值的总和确定的。

2. 自选套路赛成绩的确定

（1）应得分：将5名综合评分裁判员的评分去掉1个最高分

和 1 个最低分，取 3 个有效分的平均值即为运动员的综合得分；3 名难度评分裁判员评分的平均值为难度得分。综合得分与难度得分之和称为运动员的应得分。

（2）最后得分：应得分减去裁判长判罚的犯规应扣分，即为运动员的最后得分。

（3）名次确定：比赛成绩按运动员最后得分确定，分数高者名次列前；如分数相等，难度分数高者名次列前；如仍相等，犯规扣分少者名次列前；若仍相等，则名次并列。

第十七条　　创意赛竞赛及评分方法

创意赛包括个人、双人和集体的套路创意比赛。

一、竞赛方法

创意赛是指通过多样的表现形式、丰富的表现内容，以及队员之间的技巧配合，可持轻器械，全面展示花键运动的多样性、观赏性和创新性的比赛项目。

二、竞赛时间

每个项目的表演时间不得超过 3 分钟。

三、评分方法

（一）创意赛评分规则

创意赛由 5 名评分裁判员根据运动员临场完成创意赛套路的情况进行综合评分。

（二）创意赛评分标准

满分为 10 分，包括表演内容 3 分、表演形式 2 分、完成质量 3 分和艺术表现 2 分。

1. 表演内容分（3 分）

表演内容分是根据运动员的临场表现，从动作选择和器材运用两方面进行评判，在好、中、差三个等级的分数区间内给出相应的分数，所给分数小数点后保留一位。评分标准见表 14。

表 14　表演内容分评分标准

评分内容	评分等级细则		
	好 (2.6~3.0 分)	中 (2.1~2.5 分)	差 (1.5~2.0 分)
动作选择	素材丰富，方法灵活	素材较丰富，方法较灵活	素材不丰富，方法不灵活
器材运用	运用全面，种类丰富	运用较全面，种类较丰富	运用不全面，种类不丰富

2.表演形式分(2分)

表演形式分是根据运动员的临场表现,从创意、编排和布局三方面进行评判,在好、中、差三个等级的分数区间内给出相应的分数,所给分数小数点后保留一位。评分标准见表15。

表 15　表演形式分评分标准

评分内容	评分等级细则		
	好 (1.6～2.0分)	中 (0.9～1.5分)	差 (0.5～0.8分)
创意	内容新颖,形式独特	内容较新颖,形式较独特	内容不新颖,形式不独特
编排	动作组合多样,组图变化生动	动作组合较多样,组图变化较生动	动作组合呆板,组图变化不生动
布局	场地运用全面,路线清晰	场地运用较全面,路线较清晰	场地运用不全面,路线不清晰

3.完成质量分(3分)

完成质量分是根据运动员的临场表现,从演练和配合两方面进行评判,在好、中、差三个等级的分数区间内给出相应的分数,所给分数小数点后保留一位。评分标准见表16。

表 16　完成质量分评分标准

评分内容	评分等级细则		
	好 (2.1～3.0分)	中 (1.1～2.0分)	差 (0.5～1.0分)
演练	动作连贯无失误，套路完整、流畅	动作较连贯，较少的轻微失误，套路较完整、流畅	动作不连贯，较多明显失误，套路不完整、不流畅
配合	队员配合熟练，转换默契	队员配合较熟练，转换较默契	队员配合不熟练，转换不默契

4. 艺术表现分（2分）

艺术表现分是根据运动员临场的表现力、印象以及音乐运用三方面的表现进行评判，在好、中、差三个等级的分数区间内给出相应的分数，所给分数小数点后保留一位。评分标准见表17。

表 17　艺术表现分评分标准

评分内容	评分等级细则		
	好 (1.6～2.0分)	中 (1.1～1.5分)	差 (0.6～1.0分)
表现力	精神饱满，表情传神，感染力强	精神较饱满，表情较传神，感染力较强	精神不饱满，表情不传神，感染力不强
印象	礼仪举止得体，服装服饰统一、特色鲜明	礼仪举止较得体，服装服饰较统一、特色较鲜明	礼仪举止不得体，服装服饰不统一、特色不鲜明

续表

评分内容	评分等级细则		
	好 (1.6~2.0分)	中 (1.1~1.5分)	差 (0.6~1.0分)
音乐	音乐节奏鲜明，旋律与动作融合	音乐节奏较鲜明，旋律与动作较融合	音乐节奏不鲜明，旋律与动作不融合

以上部分的评分是由评分裁判员根据运动员临场表现确定的运动员应得分。

5. 裁判长的扣分

花键创意赛裁判长的扣分标准见表18。

表18 花键创意赛裁判长扣分标准

扣分点	扣分标准
• 完成套路的时间超出规定时间	最多扣1分
• 出现违背花键运动规律的动作 • 所持器械在整套动作中与键子和身体没有相呼应作用 • 出现追求低级趣味的表演效果的动作设计	扣0.3分

（三）创意赛比赛成绩的确定

1. 应得分

5名综合评分裁判员的评分，去掉1个最高分和1个最低分，取 3 个有效分的平均值为运动员的应得分。

2. 最后得分

应得分减去裁判长的扣分，即为运动员的最后得分。

3. 名次确定

比赛成绩按运动员的最后得分确定，分数高者名次列前；如分数相等，有效分数高者名次列前；如仍相等，无效分的平均值接近有效分的平均值者名次列前；若依然相等，则名次并列。